작가의 말

바다 생물과
우리 모두를 위해

　바다는 가만히 바라만 봐도 기분이 좋아집니다. 사람들은 바다에서 수영, 서핑, 스노클링 등을 즐기기도 하고, 바닷가에서 산책하기도 해요.

　바다는 아무 대가 없이 우리에게 많은 것을 베풀어 줍니다. 최근에는 4차 산업에 필요한 광물 자원도 바다에서 채취하고 있어요. 무엇보다 바다는 지구 생명체들의 가장 큰 서식지예요. 지구 생명체가 태어난 곳이기도 하고, 지금까지도 밝혀지지 않은 수많은 생명이 살고 있어요.

　여러분은 바다를 좋아하나요? 즐겨 먹는 해산물은 무엇인가요? 멸치와 미역도 맛있지만, 싱싱한 회와 대게는 생각만 해도 입에 침이 고여요.

　그런데 지금 바다는 곳곳이 오염되어 병들어 가고 있어요. '바다 오염이 나와 무슨 상관이야?'라고 생각할 수 있어요. 하지만 바다 환경은 우리 생활에 많은 영향을 주고 있답니다.

먼저 우리가 먹는 물고기를 예로 들어 볼게요. 예전에는 즐겨 먹던 명태가 지금은 우리나라 바다에서 사라졌어요. 오징어 서식지도 바뀌어 어선들은 먼바다까지 나가 오징어잡이를 해요.

어느 날, 바다에 사는 물고기들이 모두 사라지면 어떻게 될까요? 바닷물이 오염되고 파도에 쓰레기가 떠다녀 해양 스포츠를 할 수 없게 된다면 어떨까요? 결국 바다가 주는 혜택이 사라지는 날이 올 수도 있어요.

바다를 좋아하는 저는 매일 바다를 봅니다. 파란 바닷물이 햇빛을 받아 반짝거릴 때면 수많은 물고기가 물 위로 날아오르는 모습을 상상해요. 어느 날은 고래를 따라 헤엄치기도 하고, 해적이 되어 바다를 모험하는 꿈을 꾸기도 하지요.

『바다가 걱정돼』는 바닷가 쓰레기 줍기 행사에 참여하면서 쓰게 되었어요. 바다 생물들과 우리 모두를 위해 바다가 보이는 창가에 앉아 썼지요.

지금부터 현재 바다에서 어떤 일이 일어나고 있는지 이야기해 줄게요. 책을 다 읽고 바다의 소중함을 주변에 많이 알려 주세요.

조미형

작가의 말 · 4

1 기름 - 축구장 1,800개보다 많은 기름이 서해에 쏟아지다

- **첫 번째 이야기: S.O.S. 기름에 빠진 괭이갈매기를 구해 줘 · 12**

풍덩, 지식의 바닷속으로!
- 유조선 '허베이 스피리트호' 사고 · 24
- 바다에 기름이 유출되면 어떤 일이 일어날까? · 27
- 바다는 왜 기름에 오염될까? · 28
- 기름에 오염된 바다를 살리는 방법 · 30

보글보글, 지식 더하기
- 기름에 남은 지문으로 '범인을 잡아라' · 32
- 기름이 들러붙지 않는 '기름 뜰채' · 32

2 쓰레기 - 한반도 면적의 7배인 쓰레기 섬이 바다를 떠돌다

- **두 번째 이야기: 파도가 뱉어 내는 쓰레기 · 36**

풍덩, 지식의 바닷속으로!
- 제주도에 밀려든 쓰레기 2만 톤 · 48
- 바다에 쓰레기가 떠다니면 어떤 일이 일어날까? · 50
- 쓰레기 섬은 왜 만들어질까? · 53
- 쓰레기로 오염된 바다를 살리는 방법 · 55
- 우리가 할 수 있는 일 · 56

보글보글, 지식 더하기
- 과학자들에게 아이디어를 준 '유형류' · 59
- 플라스틱을 먹는 유충 '슈퍼웜' · 59

3 선크림 - 선크림 속 화학 성분이 산호를 하얗게 말라 죽이다

- 세 번째 이야기: 산호 정원사 레아 · 62

풍덩, 지식의 바닷속으로!
- 위험에 처한 팔라우 산호 정원 · 74
- 산호초가 사라지면 어떤 일이 일어날까? · 76
- 산호초는 왜 죽어 갈까? · 79
- 산호초를 살리는 방법 · 82
- 우리가 할 수 있는 일 · 83

보글보글, 지식 더하기
- 산호초를 살리는 '파랑비늘돔' · 86
- 긴 잠을 자는 물고기 · 87

4 낡은 어구 - 낡은 어구들이 유령처럼 바다 생물과 사람을 위협하다

- 네 번째 이야기: 바다 유령에 습격당한 요트 · 90

풍덩, 지식의 바닷속으로!
- 조개잡이 배 '덕진호' 사고 · 104
- 유령 어업으로 어떤 일이 일어날까? · 106
- 유령 어업은 어디서 왔을까? · 107
- 유령 어구를 처리하는 방법 · 109
- 유령 어업으로부터 안전한 바다를 만드는 방법 · 111

보글보글, 지식 더하기
- 바닷속 괴물들의 정체 · 114

5 폐수 - 끈적거리는 바다 콧물이 해안 전체를 뒤덮다

- 다섯 번째 이야기: 바다 콧물에 갇혀 버린 샨 · 118

  풍덩, 지식의 바닷속으로!
  - 튀르키예 마르마라해를 덮친 바다 콧물 · 132
  - 바다 콧물로 어떤 일이 일어날까? · 133
  - 바다는 왜 콧물 증상이 나타날까? · 134
  - 바다 콧물 증상을 치료하는 방법 · 136

  보글보글, 지식 더하기
  - 산소가 거의 없는 죽음의 바다 '데드 존' · 138

6 기후 변화 - 바다에서 열이 나 거대한 물기둥이 하늘로 치솟다

- 여섯 번째 이야기: 제주 함덕 해수욕장에 상어가 나타났다 · 142

  풍덩, 지식의 바닷속으로!
  - 바다 위의 토네이도 '용오름' · 152
  - 바다에서 열이 나면 어떤 일이 일어날까? · 154
  - 바다에서는 왜 열이 날까? · 156
  - 바다에서 열이 나지 않게 하는 방법 · 157
  - 우리가 할 수 있는 일 · 159

  보글보글, 지식 더하기
  - 탄소를 먹는 '와편모류' · 160
  - 지구를 구하는 '탄소 제거 대회' · 161

7 해저 개발 – 해저 채굴을 위해 하루 8,000번 충격파를 발사하다

• **일곱 번째 이야기: 바닷속 구덩이에 빠진 루미 · 164**

풍덩, 지식의 바닷속으로!
- 공기총 파동으로 위협받는 바다 생태계 · 174
- 해저 채굴을 하면 어떤 일이 일어날까? · 176
- 해저 채굴을 왜 할까? · 178
- 해저 채굴로 상처 입은 바다를 살리는 방법 · 180
- 우리가 할 수 있는 일 · 181

보글보글, 지식 더하기
- 바닷속 생물들의 신기한 대화 방법 · 182

이미지 출처 · 184

1 기름

축구장
1,800개보다
많은 기름이
서해에
쏟아지다

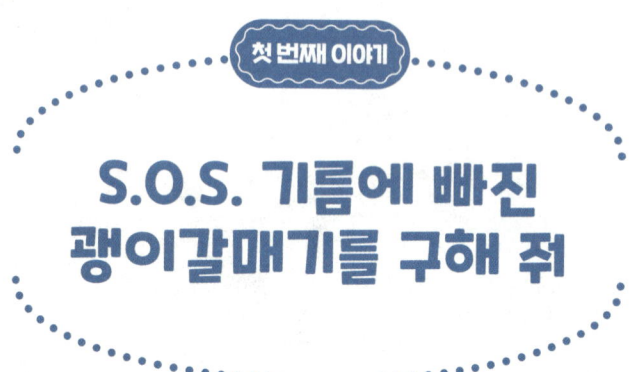

S.O.S. 기름에 빠진 괭이갈매기를 구해 줘

오늘은 겨울 방학 종업식 날이에요.
선생님이 비어 있는 자리를 보고 말했어요.
"해수는 안 왔니?"
해수 단짝 소윤이가 선생님에게 종이를 내밀었어요. 체험 활동 신청서예요. 오늘 아침 학교 오기 전에 해수가 소윤이에게 부탁했어요.
"선생님, 해수가 구름포 해수욕장에 기름 닦으러 간다고 했어요."
소윤이 말에 아이들도 하나씩 입을 열었어요.
"선생님, 학교 오다가 봤는데요. 사람들이 버스 타고 엄청 많이 왔어요."

"맞아요. 어제보다 더 많이 온 거 같아요."

이십 일 전, 태안반도 바다에서 기름을 싣고 가던 배가 다른 배와 부딪치면서 배 아래쪽에 구멍이 났어요. 구멍으로 쏟아진 기름이 파도에 밀려와 구름포 해수욕장을 까맣게 덮어 버렸어요.

선생님 얼굴이 어두워졌어요.

"해수 부모님이 굴 양식장을 하신다고 했지?"

소윤이가 고개를 끄덕였어요.

"기름 때문에 양식장에서 키우고 있던 굴이 다 죽었대요."

아이들도 기름 사고에 대해 훤하게 알고 있었어요. 소윤이네는 횟집을 하는데, 기름 사고가 난 후 가게 문을 닫았어요. 바닷가에서 바람이 불어오면 기름 냄새가 심하게 나서 손님이 뚝 끊겼어요.

안 되겠다 싶었는지 선생님이 해수에게 전화를 걸었어요.

"해수야, 학교는 와야지. 오늘 겨울 방학 종업식이라 안내장도 나가거든."

아이들은 해수가 걱정되는 마음에 귀를 쫑긋 세웠어요.

"기름을 닦아 내고 있다고?"

전화기 너머로 또랑또랑한 해수 목소리가 들렸어요.

"네, 할머니가 매일 기름을 닦으러 가세요. 할머니 쓰러지

실까 봐 같이 왔어요. 부모님은 양식장에 죽은 굴 건져 내러 가셨어요."

아이들이 선생님 팔을 잡고 흔들었어요.

"선생님, 우리도 기름 닦으러 가요. 해수 도와줘요."

"전국에서 기름 닦으러 오는데 우리도 가요. 네? 선생님!"

아이들은 당장 가고 싶다는 듯 엉덩이를 들썩거렸어요.

선생님이 아이들에게 말했어요.

"그럼 이렇게 하자. 너희는 부모님의 허락을 받으렴. 선생님은 교장 선생님과 상의해 볼게."

수업을 마친 후 아이들은 선생님을 따라 바닷가로 갔어요.

구름포 해수욕장은 해안에서 새 부리처럼 툭 튀어나와 있어요. 바닷새들이 많이 찾는 곳이에요. 바다가 보이자 고약한 냄새가 나기 시작했어요.

"윽, 기름 냄새!"

아이들은 손으로 코를 막았어요.

"저기 파도가 치는 해안가를 보렴."

선생님이 파도가 밀려드는 해수욕장을 가리켰어요.

"헉, 시커먼 파도! 선생님, 바다에 검은 얼룩이 엄청나게

새까만 기름으로 뒤덮인 바위

많아요."

"기름이 파도에 밀려와 바위, 자갈, 모래에 달라붙었어."

크고 작은 바위들은 까만 비를 맞은 것처럼 온통 검은색이었어요. 해수욕장 모래에도 검은 기름띠가 어지럽게 흩어져 있었어요.

"기름띠가 아주 큰 거미줄 같아."

"머리와 꼬리를 숨긴 뱀 같지 않아?"

아이들은 저마다 무시무시한 말을 했어요. 부모님들이 대부분 바다에서 일하기 때문에 기름 사고가 일으킨 피해를 매일 듣고 있어요.

"조금만 조심했으면 사고가 안 났을 텐데……."

"맞아. 내가 좋아하는 따개비들도 다 죽었어."

친구들 말에 소윤이도 기분이 안 좋아졌어요. 소윤이는 해수에게 전화를 걸었어요.

"해수야, 어디에 있어? 선생님이랑 친구들과 같이 왔어. 우리도 도와줄게."

얼마 지나지 않아 해수욕장이 끝나는 너럭바위 뒤에서 흰 옷을 입은 해수가 뛰어왔어요. 해수는 친구들을 보더니 손을 흔들며 웃었어요. 그러다 곧 어두운 표정으로 선생님과 친구들을 천막으로 데리고 갔어요. 천막에는 '방제센터'라는 글자가 붙어 있었어요.

우주복 같은 하얀 옷을 입은 사람이 가방을 하나씩 나누어 주면서 말했어요.

"기름이 피부에 직접 닿지 않도록 조심하세요."

가방 안에는 방제복, 고무장갑, 비닐 덧신, 마스크가 들어 있었어요.

"덧신을 신고 매듭을 단단하게 매야 돼. 그래야 기름에 벗겨지지 않아."

해수 말에 아이들은 매듭을 당겨 맸어요. 소윤이는 기름 냄새 때문에 벌써 머리가 아팠어요. 속도 울렁거렸어요.

준비를 마치자 선생님이 마스크를 쓰면서 아이들에게 말했어요.

"모래사장 쪽에는 사람이 많으니까 우리는 바위에 묻은 기름을 닦아 내자."

선생님과 아이들은 사람이 없고 바위가 많은 곳에 자리를 잡았어요.

아이들은 넓적한 바위에 달라붙어 흡착포*로 기름을 닦아 내기 시작했어요. 선생님은 허리를 굽히고 바위 아래쪽에 뭉쳐 있는 기름 덩어리를 흡착포로 꾹꾹 눌렀어요. 흰색이었던 흡착포가 금방 검게 변했어요. 기름이 묻은 흡착포는 고무 통에 넣었지요.

해수는 팔이 조금 아팠어요. 기름이 너무 끈끈해서 깨끗하게 닦이지 않았어요.

---

*흡착포: 다른 물질을 달라붙게 하는 성질을 지닌 천이에요. 주로 기름을 빨아들이는 데 사용해요.

찬 바람이 쌩쌩 불었어요. 겨울 바닷바람은 매우 차가워요. 시간이 지날수록 추웠어요. 가만히 앉아서 기름을 닦으니 더 추운 것 같았어요. 아이들은 서로 춥다고 웅얼거렸어요. 해수는 흡착포로 바위를 세게 문질렀어요.

"후유, 왜 이렇게 안 떨어지지? 언제 다 닦아 내냐."

"종일 문질러도 안 될 것 같아. 기름을 쏟은 사람이 와서 닦아야 하는 거 아니야?"

찬 바람에 금방 지친 아이들이 툴툴거렸어요. 해수는 기름이 잔뜩 묻은 흡착포를 고무 통에 던져 넣었어요.

그때 뒤에서 '꾸룩' 소리가 들렸어요. 잠시 뒤 '꾸룩꾹' 소리가 또 났어요. 해수는 바위 뒤쪽으로 슬금슬금 다가갔어요.

"으악! 뭐야, 괴물 새냐!"

해수는 너무 놀라 엉덩방아를 찧으며 뒤로 넘어졌어요.

"해수야, 무슨 일이야?"

선생님이 다가왔어요. 해수는 손으로 가리켰어요. 선생님이 허리를 굽혀서 검은 덩어리를 들어 올렸어요. 장갑을 낀 손가락 사이로 시커먼 기름이 뚝뚝 떨어졌지요.

"괭이갈매기가 기름에 빠져 죽었구나. 불쌍해라."

"그게 갈매기라고요?"

"갈매기가 왜 여기 와서 기름에 빠졌을까요?"

아이들은 목을 길게 빼고 종알종알 물었어요. 갈매기를 살

하늘을 날고 있는 괭이갈매기

펴보던 선생님이 해수를 불렀어요.
 "날개 깃털 사이에 새끼가 있어. 해수야, 흡착포에 손을 깨끗이 닦아라."
 해수는 흡착포에 장갑 낀 손을 문질러 닦았어요.
 선생님이 갈매기 날개를 들어 올리자 끈적거리는 검은 기름이 주르르 흘렀어요. 날개 아래에는 새끼가 눈을 감은 채 웅크리고 있었어요. 아이들 입에서 안타까운 신음이 터져 나왔어요.
 새끼는 두 다리에 기름이 묻어 까만 장화를 신은 것처럼 보였어요. 날개에도 기름이 검은 점처럼 묻어 있었지요.

새끼는 추운지 부들부들 떨었어요. 해수는 흡착포로 새끼를 덮었어요. 그러고는 가슴에 꼭 안았지요. 새끼가 부들부들 떨자 해수도 몸이 부르르 떨리는 것 같았어요.

"선생님, 아기 새가 춥나 봐요."

"아기 새가 불쌍해."

"체온이 떨어진 것 같아. 방제센터에 수의사가 있다고 했으니 그쪽으로 가 보자."

아이들의 말에 선생님이 제안했어요. 그러고는 앞장서서 걸었어요.

아이들은 선생님을 따라 방제센터로 갔어요. 수의사는 비닐이 깔린 탁자에 새끼를 놓았어요.

"살아날 수 있겠지요?"

"그럼요. 지금부터 새의 몸에 묻은 기름을 제거할게요."

해수의 물음에 수의사가 대답했어요.

곧 수의사의 손길이 바빠졌어요. 잠시 뒤 새끼가 꼼지락거렸어요.

"선생님, 아기 새가 움직여요."

해수는 혹시나 새끼가 놀랄까 봐 속삭이듯 말했어요.

"곧 깨어날 것 같아요."

해수 입에서 '아' 하는 탄성이 새어 나왔어요.

"아기 새가 눈을 떴어요."

까맣고 반질반질한 콩알 같은 눈이 해수를 쳐다보았어요. 부리도 움찔거렸어요. 어쩐지 고맙다고 말하는 것 같았어요.

"선생님, 또 다른 새가 있는지 보러 가요."

해수 말에 아이들이 합창하듯 외쳤어요.

"우리가 구해 주러 가요!"

선생님은 환하게 웃으며 고개를 끄덕였어요. 아이들은 기름 얼룩으로 검게 변한 바닷가로 향했어요.

풍덩, 지식의 바닷속으로!

유조선 '허베이 스피리트호' 사고

 2007년 12월 7일 우리나라 서해에서 기름 유출 사고가 일어났어요. 유조선* '허베이 스피리트호'와 해상 크레인을 끌고 가던 배가 충돌하면서 유조선 선박에 구멍이 났어요. 이 사고로 유조선에 실려 있던 원유 1만 2,547kl(킬로리터)가 바다로 퍼져 나갔어요. 쏟아진 기름은 축구장 1,800개를 덮고도 남을 만한 양이었지요.
 유조선의 파손된 구멍은 이틀 만에 막았어요. 하지만 파도가 심하게 치는 날씨라 기름은 태안군을 포함해서 11개 시·

---

* 유조선: 주로 석유나 휘발유 등을 싣고 운반하는 배를 말해요.

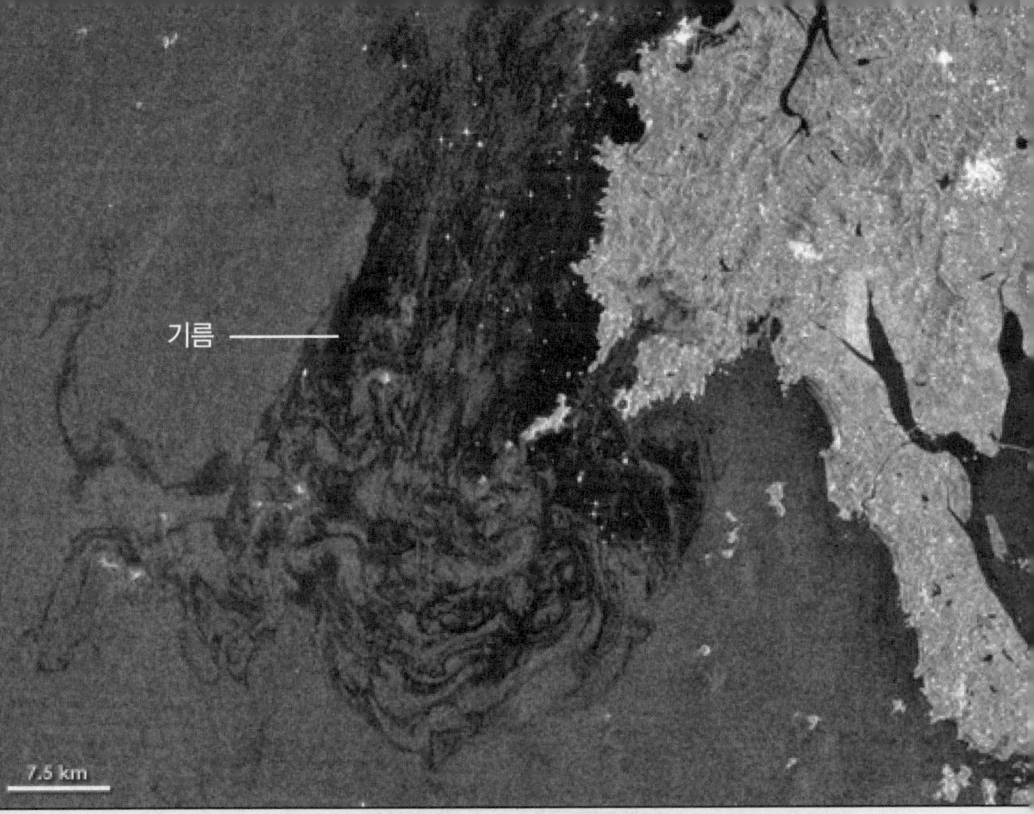

2007년 기름 유출 사고가 일어난 서해를 위성에서 바라본 모습

 군이 접한 해안까지 덮쳤어요. 모래와 자갈도 기름에 잠겼고, 까맣고 끈적거리는 기름이 해안가 바위에 달라붙었어요.
 유출된 기름으로 수많은 바다 생명이 죽었어요. 해안가 사람들은 고약하고 지독한 기름 냄새 때문에 두통에 시달려야 했지요. 이뿐만 아니라 어민들은 양식장과 어장이 훼손되어 경제적 피해를 입었어요. 이 사고는 우리나라에서 일어난 기름 사고 중 가장 큰 사고예요.

바다에 기름이 유출되면 어떤 일이 일어날까?

기름은 물에 뜨는 성질을 가지고 있어요. 바다에 유출된 기름은 물 위에서 막을 형성하면서 넓게 퍼져 나가요. 그러면 햇빛이 바닷속까지 들어가지 않아 해조류와 플랑크톤의 광합성을 방해해요. 결국 바다 생물들의 먹이인 해초들이 죽게 되고, 해초 숲에 사는 대합, 성게, 갯벌레 등 많은 생명체가 위험해져요.

무엇보다 물고기는 아가미에 끈적거리는 기름이 달라붙으면 호흡할 수 없어요. 몸집이 큰 고래도 숨을 쉬기 위해 바다 위로 올라와야 해요. 그런데 기름막이 퍼진 바다 위로 올라오면 고래는 기름을 삼키게 되고, 몸통에도 기름이 달라붙어요. 고래가 기름을 피해서 헤엄치는 것은 불가능해요.

바닷새는 깃털에 기름이 한 방울이라도 묻으면 털이 뭉치고 체온이 떨어져요. 기름이 묻은 깃털 때문에 비행 능력도 떨어져 먹이를 잡기 힘들고, 천적을 피해 날아가기도 힘들지요.

이뿐만 아니라 바닷새는 깃털에 묻은 기름을 떼어 내려고 부리로 깃털 고르기를 하다가 기름을 먹기도 해요. 기름은 떼어지지 않고 깨끗한 깃털까지 오염시키지요. 무엇보다 깃털에 기름이 묻은 어미 새가 둥지로 돌아가면 알에 기름이 묻게 되고 결국 알은 썩어요.

이외에도 갯벌에 살고 있는 조개류뿐만 아니라 수많은 미생물과 동물 플랑크톤의 개체 수가 줄어들면서 생태계 파괴가 일어나요. 바다 생태계가 파괴되면 결국 사람들에게도 나쁜 영향을 미치지요.

바다는 왜 기름에 오염될까?

바다가 기름으로 오염되는 주요 원인은 어선 사고예요. 우리나라 바다에서는 매해 280건 정도의 크고 작은 기름 유출 사고가 일어나고 있어요.

바다에서 어업 활동을 하는 어선은 기름을 연료로 움직여요. 어선끼리 부딪치거나 풍랑을 만나 배가 부서지면 배에 있던 기름이 바다로 흘러 들어가요. 연료가 떨어진 배에 기름을 넣는 작업을 하다가 기름이 바다에 쏟아지기도 해요.

또한 기름을 싣고 다니는 유조선에서 사고가 일어나기도 해요. 특히 정제되지 않은 원유는 기름 제거 작업에 많은 시간과 비용이 들어가요. 모래나 갯벌에 스며든 기름은 눈에 보이지 않아 제거하기도 어려워요. 바람과 물결을 따라 움직이며 퍼져 나간 기름은 시간이 지날수록 제거하기 어렵게 변하지요. 작게 흩어져 더 넓은 바다로 퍼져 나가기도 하고, 덩

기름

어리로 뭉쳐서 떠다니면서 바다를 오염시켜요.

이뿐만 아니라 육지에서 사고로 쏟아진 기름이 바다로 흘러가기도 하고, 가끔 바다에 오염된 기름을 버리는 사람도 있어요.

기름에 오염된 바다를 살리는 방법

바다에서 기름을 제거하는 방법은 다양해요. 제일 먼저 기름띠가 퍼져 나가는 것을 막기 위해 바다 위에 오일펜스*를 설치해요. 그러고는 기름이 잘 스며드는 재료로 만들어진 기름 흡수포를 기름띠에 덮어 기름을 제거해요. 흡수포는 해안가 바위나 자갈에 묻은 기름을 닦는 데도 사용하지요.

기름이 묻은 해안가 자갈은 통에 넣고 물과 함께 회전시켜 기름을 제거하는 세척기를 사용해요. 세탁기와 같은 원리예요. 이 세척기를 사용하면 1일 기준 사람 300명이 손으로 닦는 것과 같은 효과를 거둘 수 있어요. 또한 진공 흡입기는 청

---

* 오일펜스(oil fence): 바다 위에 유출된 기름이 퍼지는 것을 막기 위해 울타리 모양으로 수면에 설치하는 방지막이에요.

바다 위에 설치된 오일펜스

소기처럼 모래에 묻은 기름을 빨아들이기도 해요.

그런 다음에는 바다 생태계 회복을 위해 기름을 분해하는 박테리아를 바다에 뿌려요. 이 작업을 '생물 정화'라고 해요. 또 다른 방법으로는 기름띠에 불을 붙여 태워서 기름을 제거하기도 해요. 불에 타고 남은 기름 찌꺼기도 장비를 이용해 수거하지요.

보글보글, 지식 더하기

기름에 남은 지문으로 '범인을 잡아라'

바다에서 기름 유출 사고가 나면 현장 조사를 해요. 기름에 묻어 있는 지문으로 범인을 찾는 기술을 '유지문 기술 분석'이라고 해요. 사람의 손에는 각기 다른 지문이 있어요. 이처럼 기름도 만들어지는 과정에서 고유한 특징을 가지게 되는데, 이를 '유지문'이라고 해요.

사고 현장의 기름을 수거해 간단한 장비와 빅 데이터*로 분석해요. 이러한 분석 과정을 거쳐 사고의 원인과 사고 선박을 찾아내지요. 빠르고 정확한 분석으로 사고 후 도주하는 선박을 막을 수 있고, 기름 유출에 따른 오염 피해도 줄일 수 있어요.

기름이 들러붙지 않는 '기름 뜰채'

식충 식물은 주머니 형태 안쪽에 긴 섬모가 있어요. 섬모는 물을 흡수한 후 단단하고 두꺼운 수막을 만들어 곤충이 미끄러지게 해서 잡아먹어요.

---

* 빅 데이터(big data): 형태가 다양하고 규모가 큰 데이터를 말해요.

곤충을 잡아먹는 식물인 파리지옥

　우리나라 연구진들은 식충 식물의 섬모를 모방해 기름이 들러붙지 않는 뜰채를 개발했어요. 친환경 소재인 레이온과 식물 모시를 사용해 만들었지요. 바닷물은 기름 뜰채를 잘 통과하고, 걸러진 기름은 쉽게 미끄러져요. 또한 수백 번 사용해도 기름 뜰채에는 기름이 들러붙지 않아요. 이 기술은 바다 기름을 제거하는 데 사용하는 장갑, 작업복 등에도 적용할 수 있다고 해요.

2 쓰레기

한반도 면적의 7배인 쓰레기 섬이 바다를 떠돌다

두 번째 이야기
파도가 뱉어 내는 쓰레기

　세오는 바다를 좋아해요. 그래서 한겨울 빼고는 늘 바다에 나와 있지요. 부모님이 바닷가에서 서핑 강습을 하고 있기 때문이기도 해요.

　세오는 오늘도 서핑 보드를 들고 바다로 나왔어요. 그런데 해안에 몇 사람이 모여 있었어요. 궁금해진 세오는 사람들 틈으로 들어갔어요.

　사람들이 휴대폰으로 물고기 사진을 찍었어요.

　"아가미에 마스크 줄이 걸려 죽은 것 같은데······."

　"마스크가 왜 바닷물에 있지?"

　"그러게. 마스크 쓰고 물놀이하다가 벗겨진 게 아닐까?"

모래사장에 버려진 마스크

세오는 마스크에 감긴 채 죽은 물고기를 어제도 봤어요. 지난주에는 다리에 이어폰 줄을 감고 날아가는 갈매기도 봤어요.

세오는 별일 아닐 거라 생각하며 파도에 보드를 띄웠어요. 그러고는 보드 위에 엎드려 힘차게 팔을 저었지요.

그때 손에 미끈거리는 비닐이 걸렸어요.

"수박 포장 끈이잖아."

누군가 수박을 먹고 노끈은 바다에 버렸나 봐요. 끈은 오랫동안 물속을 떠돌았는지 물이끼가 끼어 있었어요.

세오는 끈을 던져 버렸어요. 그러고는 다시 팔을 저어 앞

바다 위에 떠 있는 쓰레기

으로 나갔어요. 작은 파도가 밀려왔어요.

"큰 파도를 타야지."

세오는 작은 파도를 가볍게 넘어 앞으로 쑥 미끄러지듯 나갔어요.

"왔다!"

세오가 기다리던 큰 파도가 밀려왔어요. 세오는 보드를 꽉 붙잡고 파도에 올라탔어요. 몸을 세우고 다리에 힘을 주면서 중심을 잡았어요.

파도에 올라탄 보드는 빠른 속도로 미끄러졌어요. 물보라가 세오 얼굴을 때렸어요.

순간 세오는 눈앞이 깜깜했어요. 얼굴에 무언가 달라붙어 눈을 가린 거예요.

"어, 어!"

세오는 중심을 잃고 보드에서 떨어졌어요. 큰 파도에 휩쓸려 물속에서 몸이 뒤집어졌어요. 겨우 파도에서 벗어난 세오는 화가 났어요.

"아오, 짜증 나! 뭐야! 뭐냐고."

세오는 얼굴에 찰싹 달라붙은 것을 떼어 냈어요.

"비닐봉지?"

마트나 편의점에서 물건을 담아 주는 비닐봉지였어요. 세오는 어이가 없었어요. 비닐봉지를 움켜잡자 물이 주룩 흘렀어요.

"내가 비닐봉지 때문에 보드에서 떨어지다니."

세오는 믿을 수가 없었어요. 5년 동안 서핑 보드를 탔지만 이런 일은 처음이에요.

세오는 헤엄을 쳐서 파도에 밀려간 보드를 잡았어요. 보드 위에 엎드린 세오는 물속을 들여다봤어요.

"저건 또 뭐야?"

세오는 물속에 손을 넣고 휘저었어요. 음료수 캔이 손에 잡혔어요.

그런데 바닷속을 떠다니는 쓰레기가 이것만 있는 게 아니었어요.

"뭐야! 쓰레기에 포위당했잖아!"

쓰레기 중에는 페트병도 있고 곰 인형도 있었어요. 이대로는 서핑 보드를 타기 힘들 것 같았어요.

세오는 문득 가슴이 철렁 내려앉았어요. 조금 전 비닐봉지 대신 음료수 캔이 얼굴에 맞았다면? 캔이 눈이나 머리에 맞아 물속에 떨어지면 정신을 잃을 수도 있어요. 생각만 해도 끔찍했어요.

세오는 눈에 보이는 쓰레기를 보드 위로 건져 올렸어요.

"윽, 먹다가 버린 옥수수잖아. 물에 퉁퉁 불었어."

물속을 자세히 들여다보니 초록색 덩어리도 둥둥 떠다녔어요. 처음에는 미역인 줄 알았어요. 그런데 건져 보니 물놀이용 고무공이었어요.

"누가 왜! 쓰레기를 바다에 버리는 거야."

세오는 보드에 쓰레기를 싣고 해수욕장으로 나왔어요. 보드를 제대로 타지 못해서 짜증이 몰려왔어요. 쓰레기를 모래사장에 던지듯 내려놨어요.

해수욕장에는 아까보다 더 많은 사람이 모여 있었어요. 서핑 강습을 해야 하는 아빠도 그 사이에 끼어 있었지요.

세오는 아빠에게 다가갔어요.

"아빠, 무슨 일이에요?"

아빠는 얼굴을 찌푸리고 있었어요. 그러고 보니 모래 바닥에 한 사람이 누워 있었어요. 기다렸다는 듯 구급차 소리가 들렸어요. 들것을 든 구급대원이 달려와 누워 있던 사람을 옮겼어요.

"서핑 하다 다쳤어요?"

아빠가 고개를 끄덕였어요.

다친 사람은 세오도 아는 형이었어요. 서핑 보드 선수인 형은 보드에 올라타면 넘어지는 일이 없었어요. 오늘은 특히나 파도가 거칠지도 않아 파도를 타다가 다쳤다는 말이 믿기지 않았어요.

세오는 고개를 갸웃했어요.

"어쩌다가 다쳤어요?"

"보드에 올라타는 순간 발목에 낚싯줄이 걸렸단다. 중심을 잃고 넘어져 파도에 휩쓸렸는데, 보드도 낚싯줄에 걸렸나 보더라."

"네? 해수욕장 주변은 낚시 금지잖아요. 낚싯줄이 왜 튀어나왔지요?"

각종 쓰레기로 오염된 해변

"사람들이 버린 낚싯줄이 파도에 떠다니다 여기까지 들어왔겠지."

"형은 괜찮겠지요?"

아빠가 침울한 표정으로 고개를 끄덕였어요.

"큰 문제없이 깨어나야 하는데……. 저녁 때 병원에 가 봐야겠다."

세오는 자신이 건져 온 쓰레기가 생각났어요.

"아빠, 바다에 쓰레기가 늘어난 것 같아요."

"안 그래도 물속에 쓰레기가 떠다닌다고 짜증 내는 사람이 늘었어. 이러다 서핑 하는 사람들까지 다 떠나면 어쩌지."

아빠가 한숨을 내쉬었어요.

세오는 비닐봉지가 얼굴에 달라붙어 파도를 타다가 넘어진 일을 이야기했어요. 아빠는 놀란 얼굴로 다친 곳이 없는지 세오 몸을 이리저리 살폈어요.

세오가 말했어요.

"쓰레기 때문에 물고기만 죽는 게 아니라 사람도 크게 다칠 수 있겠어요."

"그러게 말이다. 그렇지 않아도 새벽에 그물을 건져 돌아온 선장이 그물에 고기보다 쓰레기가 더 많다고 손해가 심하다고 했어."

"먼바다에도 쓰레기가 있나 봐요. 이럴 게 아니라 우리가 먼저 눈에 보이는 대로 쓰레기를 치워요."

아빠가 말했어요.

"좋은 생각이구나. 서핑 교실에서도 쓰레기 줍기 행사를 해야겠다."

세오는 물속에서 건져 온 쓰레기를 사진으로 찍어 SNS에 올렸어요.

다음 날 아빠는 야자 노끈으로 만든 망태기를 들고 세오와 함께 바다로 나갔어요.

세오는 보드에 엎드려 손으로 물을 저었어요. 금방 해파리처럼 흔들리는 비닐을 발견했어요. 비닐을 집어 올려 망태기에 넣었어요.

얕은 물속 모래에는 검은 조각이 삐죽 나와 있었어요. 세오는 그 조각을 잡아당겨 빼냈어요. 운동화였어요.

"아빠, 예전에는 쓰레기가 안 보였는데, 비닐봉지 때문에 보드에서 떨어지고 나서부터는 물속 쓰레기가 잘 보여요."

"결국 사람이 버린 쓰레기 때문에 사람이 다친다는 걸 모두가 알아야 하는데 말이다."

아빠는 물속에서 깨진 유리병 조각을 건져 올렸어요. 날카로운 유리병 조각이 햇빛에 반짝거렸어요. 맨발로 수영하다 이런 조각에 찔리면 정말 위험해요.

아빠가 걱정스러운 얼굴로 세오에게 물었어요.

"매일 모든 쓰레기를 다 치울 수는 없을 텐데……. 세오야, 좋은 방법이 없을까?"

세오가 대답했어요.

"아빠, 우리 모두가 쓰레기를 최대한 줄이는 생활을 해야

할 것 같아요. 쓰레기가 아예 안 나오면 좋겠지만 그건 불가능하니까요. 처음부터 쓰레기가 적게 나오면 버려지는 쓰레기도 줄어들잖아요."

아빠가 세오를 향해 엄지를 세웠어요.

풍덩, 지식의 바닷속으로!

제주도에 밀려든 쓰레기 2만 톤

　2021년 제주도 바다와 해안가에 버려진 쓰레기가 2만 톤이 넘어요. 승용차 한 대의 무게가 대략 1톤이에요. 그러니 쓰레기가 얼마나 많이 버려졌는지 짐작이 가지요?

　만약 쓰레기를 치우지 않고 내버려 둔다면 제주도는 쓰레기 섬이 될 거예요. 특히 봄부터 가을이 오기 전까지 남풍을 따라 쓰레기가 많이 밀려들지요.

　제주도 바다는 스스로 회복할 수 있는 힘을 완전히 잃었어요. 해양연구소 연구원의 말에 따르면 제주도 바다는 마지막 숨을 깔딱깔딱 들이키는 상태예요.

바다에 쓰레기가 떠다니면 어떤 일이 일어날까?

쓰레기가 바다 동물들을 위험에 빠뜨리고 있어요. 거북과 고래, 물고기 등은 버려진 그물에 몸통이 걸리면 먹이 활동을 할 수 없어 굶어 죽어요. 또는 밧줄 때문에 찢어진 상처에서 세균이 번식해 병들어 죽어요.

플라스틱 조각이 물속에 있으면 해파리나 오징어와 비슷하게 보여요. 부표*로 사용하는 스티로폼 알갱이는 물고기 알이나 플랑크톤처럼 보이지요. 결국 물고기들은 플라스틱 쓰레기를 먹이로 착각해 삼키고 죽어 가요.

쓰레기는 파도와 햇빛, 바람에 떠돌면서 잘게 부서지고 물이끼가 생겨요. 그러면 냄새로 먹이 사냥을 하는 바닷새들은 쓰레기를 먹이로 착각해 삼키거나 새끼에게 플라스틱 조각을 먹이기도 해요. 어미 새와 새끼 새가 죽어 가고 바닷새 둥지가 비어 가는 이유도 바다를 떠도는 쓰레기 때문이에요.

이뿐만이 아니에요. 파도에 밀려온 쓰레기가 해안이나 얕은 바닷가에 쌓여 생물들의 서식지를 덮어 버리기도 해요. 쓰레기로 덮인 바다 밑은 썩게 되고 오염물이 늘어나 생명들

---

* 부표: 항로를 표시하거나 양식장에서 양식에 사용하기 위해 물 위에 띄우는 물건을 말해요.

비닐장갑 안에 갇힌 물고기

이 살 수 없어요.

  바다 동물뿐만 아니라 사람들도 피해를 보고 있어요. 물고기를 잡기 위해 던진 그물을 건져 올렸을 때 물고기보다 쓰레기가 더 많이 나오기도 해요. 어부는 쓰레기 때문에 그물이 찢어지면 그물을 새로 사야 해요.

  운행하는 배 엔진에 쓰레기가 말려 들어가 배가 고장 나기도 해요. 고장 난 배는 뒤집어지기도 하고, 물에 가라앉기도 하지요. 이런 일은 어부들의 안전에 큰 위협이 돼요.

  파도가 칠 때마다 쓰레기가 밀려 나오면 바다를 찾는 관광객이 점점 줄어들어요. 결국 손님이 없는 바닷가 가게들은 장사가 안되거나 문을 닫게 돼요.

쓰레기 섬은 왜 만들어질까?

전 세계 바다는 소용돌이 형태로 움직이고 있는데, 이것을 '환류'라고 해요. 5개의 거대한 환류와 여러 개의 작은 환류들이 있지요.

파도와 바람을 따라 흘러가던 쓰레기가 환류에 갇혀 커다란 덩어리를 이루기도 하는데, 이것을 '쓰레기 섬'이라고 불러요. 태평양에 떠다니는 쓰레기 섬은 한반도 면적의 7배 정도예요. 얼마나 많은 쓰레기가 바다에 버려지는지 알 수 있지요.

바다에 쓰레기가 많은 이유는 사람들이 함부로 버렸기 때문이에요. 대부분의 바다 쓰레기는 육지 쓰레기가 하천과 강을 따라 바다로 들어간 것이에요. 쓰레기 매립장과 재활용장, 소각장*의 쓰레기가 태풍이나 폭우에 휩쓸려 바다로 들어가기도 해요.

배에서 떨어지거나 버려지는 쓰레기도 있어요. 배에서 못 쓰게 된 밧줄이나 어망, 낚싯줄 등을 바다에 버리기도 해요. 어선끼리 충돌하는 것을 막기 위해 배 난간에 매달아 놓은

---

* 소각장: 쓰레기나 폐기물 등을 불에 태워 버리는 장소를 말해요.

타이어가 바다에 떨어져도 그대로 가 버리는 배들이 많아요. 바다에 폐타이어가 많은 이유지요.

사람들이 낚시를 하거나 바다 레저 활동을 하면서 무심코 버리는 쓰레기도 있어요. 부피가 작고 가벼운 천, 비닐, 포장지 같은 것들은 바람에 날려 바다로 들어가기도 해요.

쓰레기로 오염된 바다를 살리는 방법

우리나라에는 청소기처럼 바다 쓰레기를 치우는 배가 있어요. 항만을 청소하는 선박으로 '청항선'이라고 해요. 청항선에는 물에서 쓰레기를 건져 올리는 수거 장치가 설치되어 있어요.

전국 14개 항구에서 22척의 청항선이 매년 약 4,000톤의 쓰레기를 건져 올려요. 청항선에서 수거한 쓰레기는 육지로 가져와 종류대로 분리해서 일부는 재활용품으로 활용해요.

바다에도 쓰레기통이 있어요. 이를 '씨빈seabin'이라고 불러요. 앤드류와 피트는 호주에서 서핑을 즐기다 파도에 떠다니는 쓰레기를 보고 깜짝 놀랐어요. 이들은 '바다에도 땅 위처럼 쓰레기통을 놓을 수 없을까?'라고 생각하다가 쓰레기를 수거하는 장치를 만든 거예요.

작은 펌프가 설치된 씨빈은 물 위를 떠다니는 쓰레기를 자동으로 흡수해요. 우리가 사용하는 진공청소기와 비슷해요.

씨빈은 오염 물질을 정화하는 장치가 있어 물을 깨끗하게 해 주기도 해요. 눈에 보이지 않는 아주 작은 미세 플라스틱도 걸러 내지요. 하루에 약 1.5kg을 모을 수 있어요.

바다에서 쓰레기를 수거하는 씨빈이 작은 바다 생물들도 빨아들이지 않을까 걱정되나요? 놀랍게도 지금까지 씨빈에 걸려든 바다 생물은 없어요.

현재 씨빈은 쓰레기가 많이 모여드는 항구나 정박지 근처에서 물에 떠다니는 쓰레기를 수거하는 데 사용하고 있어요.

우리가 할 수 있는 일

쓰레기가 많이 나오지 않는 생활을 해야 해요. 외출할 때는 플라스틱 물병 대신 재사용이 가능한 물병을 챙기면 좋아요. 음료수를 마실 때는 빨대 없이 마시는 게 제일 좋아요. 하지만 어쩔 수 없이 사용해야 한다면 플라스틱 빨대 대신 금속 빨대나 종이 빨대를 사용해 봐요.

물건을 구매할 때도 현명하게 선택해야 해요. 비닐 포장이 된 아이스크림이나 과자 대신 종이 포장으로 된 아이스크림

바닷가에서 쓰레기를 줍는 모습

이나 과자를 고르거나 제철 과일을 먹으면 쓰레기를 줄일 수 있어요.

다른 물건도 플라스틱 쓰레기가 나오지 않도록 포장재를 확인하고 구매하면 좋아요. 고체 치약, 고체 샴푸, 고체 비누, 천연 수세미 등 다양한 제품이 있어요.

지금도 폭죽을 쏘거나 풍선 날리기를 하는 사람이 있는 것은 아니겠지요? 바닷가에서 물놀이할 때는 물건들이 강풍에 날아가지 않도록 잘 챙기는 것도 중요해요.

바닷가 쓰레기를 줍는 행사에 참여하는 방법도 있어요. 쓰레기를 줍다 보면 우리가 사용하는 물건들이 꼭 필요한 것인지 돌아보게 돼요. 주워 온 쓰레기는 쓸모 있는 물건으로 활용할 수도 있어요.

　물건은 최대한 아껴 쓰고, 꼭 필요한 물건인지 잘 생각한 후 구입해야 해요. 가끔 사용하는 물건이라면 빌려 쓰는 방법도 있어요.

보글보글, 지식 더하기

과학자들에게 아이디어를 준 '유형류'

'유형류'는 올챙이처럼 생긴 아주 작은 바다 동물이에요. 이 동물은 스스로 분비한 점액으로 자신을 감싸요. 투명한 공기 방울처럼 얇은 막이지요. 이 상태로 물을 삼켜요. 물속에 들어 있는 미세한 먹이는 거미줄처럼 유형류를 감싼 점액질 막에 걸려요. 유형류는 점액에 걸린 먹이를 먹지요.

과학자들은 유형류에서 아이디어를 얻어 미세 플라스틱을 걸러 내는 연구를 하고 있어요.

올챙이처럼 생긴 유형류

플라스틱을 먹는 유충 '슈퍼웜'

'슈퍼웜'은 플라스틱의 일종인 폴리스타이렌을 먹어 치우는 아메리카왕거저리의 유충이에요. 딱정벌레의 한 종으로 흔하게 볼 수 있어요. 슈퍼웜은 플라스틱을 먹고 장내 박테리아 효소로 소화를 시켜요.

과학자들은 슈퍼웜처럼 효소를 이용해 플라스틱 조각을 분해하는 기술을 개발하고 있어요.

쓰레기

3 선크림

선크림 속
화학 성분이
산호를
하얗게
말라 죽이다

세 번째 이야기
산호 정원사 레아

　레아가 살고 있는 모레아섬은 물이 맑아 산호초*가 아름답기로 유명해요. 레아는 친구 로먼과 함께 바다에 나와 물고기를 구경하곤 해요. 몰려다니는 물고기들이 보일 정도로 물이 맑거든요. 그 덕분에 산호초를 구경하려는 관광객이 많이 찾아왔어요.
　"로먼, 우리도 산호초 근처로 가 볼까?"
　레아는 오래전부터 스노클링을 좋아했어요. 물 위에서 노

---

* 산호초: 산호충의 분비물인 탄산 칼슘이 쌓여서 만들어진 암초를 말해요.

산호초로 유명한 모레아섬의 풍경

는 것보다 물속을 돌아다니며 산호*와 물고기를 보는 것을 즐겼지요. 레아는 오리발을 신고 물안경을 썼어요.

"만타가오리를 만날 수 있을지도 몰라."

로멘도 재빨리 물안경을 쓰고, 레아를 따라 물속으로 들어갔어요.

산호초 가까이로 다가가자 작은 소리들이 들렸어요. 딸깍딸깍, 꾸르륵, 퐁퐁, 톡토독. 산호 정원은 살아 움직이는 생명

---

* **산호**: 나뭇가지 모양이며, 말미잘이나 해파리처럼 촉수, 입, 강장을 지닌 동물이에요.

체 덩어리예요. 다양한 소리는 산호초가 건강하게 살아 있다는 신호와 같아요.

레아는 산호와 닿지 않게 떨어져서 헤엄쳤어요. 그때 산호초 사이에 숨어 있던 새우가 통통 튀어나왔다가 빠르게 몸을 숨겼어요. 산호초 사이에 몸을 반쯤 숨긴 물고기들이 입을 뻐끔거리며 물방울을 뱉어 냈어요. 바닷속에서 벌어지는 모든 일들이 신기하기만 했어요.

레아는 눈을 깜박거리다가 크게 떴어요. 분홍색과 초록색 산호 조각이 물살에 밀려 이리저리 움직이고 있었어요. 레아는 조심스럽게 분홍색 산호 조각을 잡았어요.

주변을 둘러보니 평소와 달리 떨어져 나온 산호 조각이 많았어요. 레아는 산호 조각을 주우면서 헤엄쳤어요. 그러다가 레아가 제일 좋아하는 바늘산호 한쪽이 완전히 부서져 있는 것을 발견했어요. 레아는 눈물이 날 것 같았어요. 꽃돌산호도 가지 다섯 개가 떨어져 나갔어요.

레아와 로먼은 놀랍고 당황스러워서 눈에 보이는 대로 산호 조각을 주워 물 밖으로 나왔어요.

"산호들이 너무 많이 다쳤어."

레아는 속이 상했어요.

로먼이 산호 조각을 살피며 말했어요.

"며칠 전 태풍이 왔을 때 파도가 강해서 부서졌나?"

"아니야. 작년 태풍에는 이렇게 많이 부러지지 않았는걸."
레아가 강하게 고개를 저으며 산호 조각을 물통에 담았어요.
"아빠한테 물어봐야겠다. 같이 갈래?"
로먼이 걱정스러운 얼굴로 고개를 끄덕였어요.

레아 아빠는 산호 정원사예요. 산호 조각을 모아 물속에서 키우고, 바닷속 산호들을 지키는 일을 해요. 열세 살 레아는 부모님을 도와 산호를 관찰하고 홍보하는 일을 하고 있지요.
사무실에 들어가자 아빠가 수조 속의 산호를 살피고 있었어요.
"아빠, 우리가 주워 온 산호 조각이 서른 개가 넘어요."
"아저씨, 산호들이 많이 다쳤어요. 바다에 무슨 일이 생긴 걸까요?"
레아와 로먼은 산호 조각이 가득 담긴 통을 보여 주면서 물었어요.
아빠의 얼굴이 어두워졌어요. 아빠는 산호 조각을 살피며 한숨을 내쉬었어요. 그러더니 보여 줄 영상이 있다며 컴퓨터를 켰어요. 아빠가 수중 카메라로 촬영한 영상이었어요.
"이틀 전에 촬영한 거란다. 기둥산호를 보렴."

멸종 위기에 처한 기둥산호

아빠가 심각한 표정으로 영상 속 산호를 가리켰어요.

기둥산호 앞으로 갑오징어 한 마리가 느릿느릿 헤엄을 치고 있었어요. 그런데 다른 물고기들은 안 보였어요.

눈을 동그랗게 뜨고 살피던 레아가 말했어요.

"기둥산호들에 흰색 얼룩이 생겼어요. 상아산호들도 축 처진 것처럼 힘이 없어 보여요."

기둥산호 주변으로 상아산호들이 숲을 이루고 있었어요.

로먼이 얼굴을 찌푸리며 말했어요.

"지난달에 유난히 많은 관광객이 산호초를 보러 들어갔잖아요. 산호들이 스트레스를 받은 거 아닐까요?"

영상은 계속 이어졌어요. 레아와 로먼은 터져 나오는 비명을 간신히 참았어요. 하얀 뼈대만 남은 산호들이 화면을 가득 채웠기 때문이에요.

"산호들이 왜 죽어 가요?"

로먼이 다급하게 물었어요.

"산호초 주변 물에서 옥시벤존, 옥티녹세이트 성분이 나왔어. 자외선 차단제에 들어 있는 화학 성분이지."

놀란 레아의 목소리가 높아졌어요.

"선크림 바르지 말라고 홍보했는데도 사람들이 선크림을 바르고 바다에 들어갔나 봐요."

"선크림이 산호초를 해친다고 해도 사람들이 안 믿는 것 같아."

"그럼 어떡하지? 이대로 그냥 두면 산호초가 다 사라지고 말 거야."

로먼과 레아가 차례로 말했어요. 레아는 발까지 동동 굴렀어요.

레아와 로먼은 모레아섬에서 산호초가 얼마나 중요한 존재인지 잘 알고 있어요. 산호초는 파도와 해일을 막아 주는 방파제 역할을 해요. 그래서 산호들이 사라지면 파도에 흙이 쓸려 내려가 나중에는 섬이 사라질 수도 있어요.

아빠는 레아와 로먼의 어깨에 손을 얹으며 말했어요.

"우리 모두가 힘을 모아서 산호를 지켜 내야지."

"맞아요. 그래야 모레아섬도 지킬 수 있어요."

아빠가 물통 속의 산호 조각을 보며 말했어요.

"너희가 오늘 주워 온 산호 조각들이 모레아섬의 희망이란다. 작은 조각은 큰 조각보다 빨리 자라지."

레아가 로먼을 쳐다보며 눈을 찡긋했어요. 힘들었지만 산호 조각을 주워 오기를 잘했다는 생각이 들었어요.

레아는 문득 궁금한 것이 생겨서 아빠에게 물었어요.

"아빠, 산호들이 하얗게 죽어 가는 것 말고 이렇게 조각으로 떨어지는 건 왜 그런 거예요?"

아빠는 계속 걱정 가득한 표정으로 말했어요.

"선크림 속 화학 성분이 물에 녹아 산호에 닿으면 산호가 약해져. 화학 성분 때문에 물이 산성화되면, 물속에 이산화탄소가 많아지고 바닷물의 온도가 올라가게 된단다. 산호는 물 온도가 조금만 올라가도 힘들어해. 열에 대한 압박감을 견디지 못하는 거야."

레아가 고개를 끄덕이며 말했어요.

"아빠, 산호들이 죽으면 물고기들도 떠나잖아요."

"그렇지. 서식지가 사라지면 먹이도 없어지니까 물고기도 살 수 없는 죽음의 바다가 되는 거야."

"아빠, 선크림이 산호를 죽인다는 사실을 좀 더 많이 알리고, 산호를 죽이는 성분이 들어가 있는 선크림을 사용하지 말라고 단호하게 말해야겠어요."

로먼이 눈을 반짝이며 말했어요.

"관광객들에게 안내문을 나누어 주고, 산호 보호 캠페인 영상을 만들어 SNS에 올려야겠어."

두 사람을 바라보던 아빠 얼굴이 조금 밝아졌어요.

레아가 말했어요.

"아빠, 산호 조각 이식하는 일을 돕고 싶어요."

아빠가 빙그레 웃었어요.

"자, 그럼 우리 다 같이 빨리 움직여 보자."

아빠는 붓과 야자 노끈을 꺼냈어요.

"잘 보거라. 산호 조각에 붙어 있는 미생물을 살살 긁어내야 해."

산호 조각에 달라붙어 있는 미세 조류와 남세균*을 청소하는 과정이에요. 레아와 로먼은 아빠가 일하는 모습을 지켜봤어요. 많이 봐 왔던 과정이지만 직접 하는 것은 오늘이 처음이에요.

레아는 자신이 찾은 분홍색 산호 조각을 물속에서 잡았어요. 청소 붓으로 산호 조각을 살살 털어 냈어요. 산호는 살아 있는 생물이라 상처가 나지 않도록 해야 해요.

로먼이 물었어요.

"아저씨, 바닷속 산호에 붙어 있는 세균들은 누가 청소해 줘요?"

"산호에 붙어 있는 세균이나 조류를 먹이로 긁어 먹는 물고기가 있단다."

"아하! 서로 도와주는 친구네요."

---

* 남세균: 엽록소를 가지고 광합성을 해 산소를 만드는 세균을 말해요.

로먼이 레아를 보며 웃었어요.

레아와 로먼은 바다에 들어갈 때 같이 다녀요. 혹시 모를 사고에 대비해서 혼자 바다에 들어가면 안 돼요.

레아는 아빠가 가르쳐 준 대로 대나무 막대에 산호 조각을 묶었어요. 아빠가 산호 조각을 매단 대나무 막대를 수조에 넣으며 말했어요.

"한 달 후에 산호 조각이 건강해지면 바다로 옮겨 심을 수 있단다."

산호 조각을 키우는 수조는 바닷물을 끌어와 물 온도를 맞춰요.

"오늘 일하는 걸 보니 산호 정원사가 될 수 있겠는데? 산호들이 바다로 돌아가 무사히 자라면 두 사람을 산호 정원사 인턴으로 올려 주마."

레아와 로먼이 서로 손바닥을 부딪치며 환하게 웃었어요.

> 풍덩, 지식의 바닷속으로!

위험에 처한 팔라우 산호 정원

팔라우는 300여 개의 아름다운 섬으로 이루어져 있어요. 이곳에는 '바다의 정원'이라 불릴 만큼 아름다운 산호들이 자라고 있어요. 이 때문에 세계의 스쿠버 다이버들이 다이빙을 하거나 산호초 관광을 하는 것으로 유명하지요.

하지만 많은 사람이 몰려들면서 산호들이 위험에 처했어요. 관광객들이 사용하는 선크림에 포함된 일부 화학 성분이 산호에 독성을 일으켜 산호의 성장을 방해한다는 사실이 밝혀졌기 때문이에요. 결국 팔라우 정부는 세계 최초로 선크림 사용 금지법을 정했어요.

이렇게 강력하게 선크림 사용 금지법을 실시하는 이유는 자외선 차단제의 화학 성분이 물에 녹아 산호가 가진 본래

호주에서 대규모로 발생한 산호 백화

색을 잃어버리게 하고, 하얗게 말라 죽게 하기 때문이에요. 이 현상을 '산호 백화'라고 해요.

  백화 현상이 일어나 산호들이 죽으면 다른 생물들도 바다에서 살 수 없게 돼요. 죽어 버린 산호를 되살리기는 매우 어려워요. 2050년이 되면 전 세계 산호초의 70~90%가 사라질 수 있다고 해요.

산호초가 사라지면 어떤 일이 일어날까?

산호초는 수천 종의 바다 생물들이 모여 사는 집이에요. 바다 생물들은 포식자*를 피해 산호초에 몸을 숨기거나 알을 낳기도 하고, 산호초에서 잠을 자거나 새끼를 키우며 살아가고 있어요. 산호의 화려한 색은 물고기들이 포식자로부터 몸을 숨길 수 있도록 보호색 역할도 하지요.

산호에서 흘러내린 점액은 바다 생물들의 중요한 먹이가 돼요. 박테리아는 바닷물에 흘러 들어온 점액을 먹고 불어나요. 그러면 박테리아를 먹이로 삼는 동물 플랑크톤이 산호초에 몰려들지요. 물고기는 바로 이 동물 플랑크톤을 먹고 살아요.

이처럼 다양한 생물들이 살아가는 산호초 때문에 바다 생태계가 유지되고 있어요. 산호초는 바다 생물들에게 생명의 숲이지요.

산호초는 해안선을 보호하는 역할도 해요. 태풍이나 지진으로 파도나 해일이 일어나면, 산호초는 천연 방파제처럼 파도의 힘을 90% 정도 흡수해요. 전 세계 해안선 15만km를

* 포식자: 다른 동물을 먹이로 잡아먹는 동물을 말해요.

산호초와 함께 살아가는 다양한 물고기들

산호가 보호하고 있어요.

 해안선을 보호하는 산호초가 사라지면 해안선이 파도에 깎이고 쓸려 나가요. 밀물에 해안이 잠겼다가 썰물에 해안 육지가 쓸려 가는 경우예요. 태풍이 불면 해안 산책로가 파도에 쓸려 사라지는 것과 같아요.

 산호초가 사라지면 모래사장도 사라지고, 바다 생명들이 살지 않는 물만 남을 수 있어요. 결국 가장 많은 피해를 보는 것은 사람들이에요.

 산호는 바다에 생명을 불어넣는 역할을 해요. 산호는 물이 깨끗하고 영양분이 많은 곳에서 살아요. 그래서 산호가

지구 온난화로 녹아 버린 빙하

무성하게 잘 자라는 곳에서는 해초류도 잘 자라요. 산호초는 지구 바다 면적의 0.1% 정도를 차지하지만, 바다 생물들의 25%가 산호초와 함께 살아가고 있어요.

바다의 숲이라고 불리는 산호초는 산소를 만들어요. 산호초에 사는 플랑크톤이 광합성을 하면서 이산화탄소를 흡수하고 산소를 만들지요. 이는 지구 온난화를 막아 주는 역할을 해요.

따라서 산호초가 사라지면 바닷물 온도가 올라가고, 지구 대기에 산소가 부족하게 될 수 있어요. 바닷물 온도가 올라가면 세력을 잃지 않고 육지로 몰려오는 태풍이 많아지고, 가을에도 태풍이 올 수 있어요.

이뿐만 아니라 극지방 얼음까지 녹게 해서 해수면이 상승하고, 섬이나 해안이 바닷물에 잠기는 지역이 늘어나요.

산호초는 왜 죽어 갈까?

오랜 시간 자라 온 산호들이 2016년과 2017년에만 절반 가까이 죽었어요. 산호들이 죽어 간 원인은 바다 산성화와 바닷물 온도 상승이에요. 오염 물질이 바다로 흘러 들어가서 바닷물이 산성화되었어요.

오염 물질 중 자외선 차단제가 산호를 가장 힘들게 해요. 자외선 차단제에 들어 있는 화학 성분이 물에 씻겨 산호를 덮치면 산호 색이 하얗게 변해요. 약해진 산호는 앙상한 골격을 드러내며 죽지요.

옥시벤존* 성분 한 방울을 올림픽 경기장 규격의 수영장 7개 정도 분량의 물에 떨어뜨렸을 때 산호와 물고기, 해파리,

---

* **옥시벤존(oxybenzone)**: 자외선 차단제나 화장품의 성분으로 쓰이는 유기 화합물이에요.

성게, 바다거북 등 바다 생물에 치명적인 영향을 준다고 밝혀졌어요. 우리가 바다 활동을 하면서 피부 보호를 위해 사용하는 자외선 차단제가 산호에 흡수되면 산호 생태계를 망가뜨리게 돼요.

산호는 식물처럼 보이지만 동물이에요. 촉수를 움직여 먹이 활동을 하고, 소화 기관을 가지고 있어요. 먹이로는 동물 플랑크톤, 게, 새우, 작은 물고기 등을 먹어요.

그만큼 산호는 바다 환경에 매우 민감해요. 오염 물질이 조금이라도 바닷물에 흘러들면 산호는 스트레스를 받아 성장이 느려지거나 번식도 하지 않아요.

산호는 어선이 던지는 그물 때문에 부서지거나 다치기도 해요. 화려한 색깔의 산호는 보석으로 사용하거나 기념품으로 팔기도 해요. 이러한 사람들의 행동도 산호초가 위협받는 원인이에요.

산호가 많은 지역은 관광지로 무분별하게 개발하는 것도 문제예요. 사람들이 몰려들면서 바닷물이 오염되고, 화학 물질이 바다에 녹아들어 산호들이 죽어 가요.

산호초를 살리는 방법

많은 나라가 산호를 보호하고 되살리는 활동을 하고 있어요. 첫 번째로 생존력이 강한 '슈퍼 산호'를 만들기 위해 노력하고 있어요. 두 번째로 거센 물결에 떨어진 살아 있는 산호 조각을 죽은 산호에 끈으로 묶어 되살리고 있어요.

바닷속에 설치한 그물망(산호 양식장)에 산호 조각을 매달아 키우기도 해요. 시간과 비용이 많이 들고 정성도 필요하지만, 많은 사람이 동참하고 있어요.

과학자들과 연구원들은 산호초의 멸종을 막기 위해 3D 프린터로 인공 산호를 만들어 진짜 산호를 보호하는 작업을 했어요. 산호 살리기 운동에 참여한 화장품 회사에서는 산호에 피해를 주지 않도록 유기농 성분으로 자외선 차단제를 만들었어요.

개인이 산호초 살리기 활동에 참여할 수도 있어요. 몰디브에서는 산호 입양 프로그램을 운영하고 있어요. 관광객들이 선택한 산호 조각을 틀에 심어 관리하면서 정기적으로 산호의 상태를 사진과 영상으로 찍어서 메일로 알려 주는 방식으로 산호초 살리기 운동을 펼치고 있어요.

바닷속에서 산호를 이식하는 모습

우리가 할 수 있는 일

바다 활동을 할 때는 자외선 차단제를 바르는 대신 기능성 옷이나 긴팔 옷을 입으면 좋아요. 물놀이에 사용하는 물건이나 화장품에 산호를 위협하는 성분이 있는지 확인하는 것도 중요해요. 조금만 관심을 가지면 산호를 위한 실천을 쉽게 할 수 있어요.

선크림

　바다 여행을 갔을 때 산호로 만든 기념품이나 보석을 사지 않는 것만으로도 산호를 살릴 수 있어요. 관광객들이 산호 기념품을 많이 사면 산호를 팔아서 돈을 벌려는 사람도 늘어나겠지요? 그렇게 되면 산호들은 줄어들고, 바다 환경은 더 나빠져요.

　아름다운 산호초를 보기 위해 스킨 스쿠버를 할 때는 손으로 산호를 만지면 안 돼요. 산호는 살아 있는 생물이에요. 산호초 관광을 할 때는 닻을 내리고 정박하는 배보다 계류부표*에 묶는 배를 선택하면 좋아요. 닻 때문에 산호초가 다치거나 부서질 수 있어요.

　산호를 힘들게 하는 바다 산성화를 줄이는 방법도 있어요. '탄소 발자국'* 줄이기 활동이에요. 가까운 거리는 걸어서 다니고, 나무를 심고 가꾸거나 보호하는 활동은 바다 산성화를 줄여 줘요.

　산호는 맑은 물을 좋아해요. 따라서 샤워하는 시간을 줄이는 것만으로도 산호초를 살리는 데 큰 도움이 돼요.

---

* **계류부표**: 물속의 상태를 조사하거나 위치를 표시하기 위해 고정해 띄워 두는 부표를 말해요.

---

* **탄소 발자국**: 인간이 활동하거나 상품을 생산하고 소비할 때 발생하는 이산화탄소 전체 양을 의미해요.

보글보글, 지식 더하기

산호초를 살리는 '파랑비늘돔'

촘촘한 이빨, 툭 튀어나온 부리, 온통 파란색인 몸.

파랑비늘돔은 튀어나온 부리와 동그란 눈 때문에 옆모습이 앵무새를 닮았어요. 특이하게 대부분 암컷으로 태어나 성장하면서 수컷으로 변해요.

잠을 잘 때는 투명한 막을 만든 후 그 속에서 자요. 입에서 분비한 점

옆모습이 앵무새와 비슷한 파랑비늘돔

액을 풍선처럼 부풀려 막을 만들어 몸을 감싸요. 잠자는 동안 포식자로부터 자신을 보호하기 위해서예요. 점액질은 파랑비늘돔의 냄새를 가리고, 작은 해충과 기생충이 들러붙는 것도 막아 줘요.

촘촘한 이빨은 딱딱한 산호초를 부숴 먹을 수 있을 정도로 강해요. 이빨은 계속 자라기 때문에 닳지도 않아요. 파랑비늘돔은 산호에 붙어사는 미세 조류와 남세균을 이빨로 긁어 먹어요. 산호는 파랑비늘돔 때문에 균이 없어져 건강해지지요.

파랑비늘돔은 먹이 섭취 과정에서 갉아 먹은 산호초를 모래 형태로 배설해요. 따라서 산호초 주변의 투명한 모래는 파랑비늘돔이 만든 것이에요.

긴 잠을 자는 물고기

바닷물 온도가 낮아지면 물고기의 먹이인 플랑크톤의 수가 줄어들어요. 이때 몇몇 물고기는 생존하기 위해 안전한 장소에 숨어 긴 잠을 자요.

까나리는 여름에 잠을 자요. 여름 바닷물의 산소 농도가 낮아지면 모래가 깔린 바닥을 파고 들어가 4~5개월 동안 잠을 자요.

갯장어, 도미, 짱뚱어는 겨울에 잠을 자요. 주로 깊은 바다로 내려가거나 펄 속에 들어가서 잠을 자요.

선크림

4 낡은 어구

낡은 어구들이
유령처럼
바다 생물과
사람을 위협하다

네 번째 이야기
바다 유령에 습격당한 요트

"어진아, 저길 봐. 물범들이 바위섬에서 쉬고 있어."
어진이는 키를 잡고 있는 아빠 옆으로 갔어요.
"우와, 물범이 정말 많아요!"
점박이물범들이 바위에서 햇빛을 쬐고 있었어요. 어진이는 요트 난간에서 몸을 쭉 내밀고 물범들을 봤어요.
요트는 포항 두호마리나에서 출항해 해안을 따라 항해하고 있었어요. 어진이는 항해 이틀 만에 물범을 보게 되어서 한껏 기분이 들떴어요. 해양소년단인 어진이는 항해를 좋아해요.
"아빠, 바위섬을 한 바퀴 돌아볼 수 있을까요?"

"좋지!"

아빠는 능숙하게 요트를 몰았어요. 어진이는 휴대폰을 들고 녹화 버튼을 눌렀어요.

그때 요트 앞으로 작은 고깃배 한 척이 보였어요. 모자를 푹 눌러쓴 아저씨가 그물을 건져 올리고 있었어요.

"아빠, 저 아저씨 그물이 이상해요."

아빠가 고개를 내밀고 고깃배를 향해 큰 소리로 물었어요.

"고기가 잡힙니까?"

아저씨가 요트를 힐끔 쳐다보더니 무뚝뚝한 말투로 대답했어요.

"고기 잡는 거 아니오."

어진이는 고개를 갸웃했어요.

가까이 가자 고깃배에 올려진 그물이 보였어요. 물이끼가 낀 찢어진 그물들이었어요.

어진이가 아저씨에게 물었어요.

"아저씨, 못 쓰게 된 그물을 건져 올리는 중이에요?"

아저씨는 몹시 힘든지 거친 숨을 몰아쉬었어요.

"폐어구다. 물살에 떠다니는 거라 건질 때도 있고 못 건질 때도 있지."

어진이가 아빠에게 물었어요.

"아빠, 폐어구는 바다에 버려진 그물이나 어망 맞지요? 바

독도 주변 바다의 모습

다 유령이라고도 하던데요?"

"그래, 물고기들이 바다를 떠도는 그물에 계속 걸려 죽어 간다고 하더라."

아빠가 아저씨에게 물었어요.

"폐어구를 건져 올리면 오늘은 고기잡이를 못 하는 거 아닙니까?"

아저씨가 어두운 얼굴로 말했어요.

"그물을 던지면 고기보다 폐어구가 더 많을 때도 있소. 며칠 전 고기잡이하다가 그물이 찢어져서 새 그물을 주문해 놨는데 사흘 후에나 온다지 뭐요. 오늘은 폐어구를 좀 치워 볼까 싶어 나왔소."

어진이는 물이 맑다고 알려진 독도 바다에 폐어구들이 있다는 사실을 믿기 힘들었어요.

"아저씨, 정말 그물을 던지면 고기는 안 잡히고 폐어구들이 올라와요?"

"폐어구 때문에 고기잡이를 망칠 때가 있지. 후유."

아저씨는 한숨을 쉬었어요. 그러고는 손짓을 하며 지나가라고 했어요. 요트는 아저씨의 고깃배를 지나쳤어요.

갑자기 아빠가 다급하게 외쳤어요.

"어, 요트가 이상해!"

그 순간 요트가 기우뚱하더니 왼쪽으로 확 기울었어요.

"어진아!"

아빠가 소리쳤어요.

어진이는 재빨리 바닥에 엎드렸어요. 요트가 기울면서 어진이 몸이 주르르 미끄러졌어요.

"난간을 잡아!"

어진이는 아슬아슬하게 요트 난간 철봉을 꽉 잡았어요. 휴대폰이 요트 밖으로 떨어지는 게 보였어요.

"내 휴대폰이……."

순간 어진이는 휴대폰을 향해 손을 뻗으려 했어요.

'구명조끼도 입었고 수영도 할 줄 아는데 휴대폰을 건지러 갈까?'

어진이는 눈을 질끈 감았어요.

"어진아, 괜찮아?"

아빠가 외쳤어요.

요트는 한쪽으로 기운 채 심하게 흔들렸어요. 요트가 흔들릴 때마다 어진이 몸도 흔들렸어요. 어진이가 괜찮다고 소리쳤어요.

아빠가 말했어요.

"스크루*에 뭔가 걸린 것 같아. 떨어지지 않게 꽉 잡아."

잠시 뒤 아빠가 다급하게 외쳤어요.

"요트 주변으로 소용돌이가 치고 있어. 떨어지면 물살에 휩쓸려. 꽉 잡아. 절대 떨어지면 안 돼!"

어진이의 손이 미끄러지기 시작했어요. 심장이 쿵쾅거렸어요. 이대로 바다로 떨어지면 어떻게 될지 몰라요. 수영은 할 줄 알았지만 요트에서 떨어지는 것은 무서웠어요.

---

* 스크루(screw): 회전하는 축 끝에 금속 날개가 달려 있어서 회전을 하면 무엇을 밀어 내는 힘이 생기는 장치를 말해요. 주로 선박에 사용해요.

"아빠, 손이 미끄러워요. 떨어질 것 같아요!"

"왼쪽으로 다리를 뻗어 봐. 발끝에 소화기 고정대가 있어."

어진이는 아빠의 말대로 다리를 뻗었어요. 요트에 설치된 소화기 고정대가 발끝에 닿았어요. 손을 조금씩 움직여 옆으로 갔어요. 고정대에 발을 올리자 안도의 한숨이 나왔어요.

엔진 소리가 '우우웅' 거칠게 울렸어요. 아빠는 다급하게 구조 신호를 보냈어요.

"이러다 요트가 부서지거나 뒤집히겠어."

한차례 요트가 휘청하더니 더 많이 기울었어요. 어진이 발목까지 바닷물이 들어왔어요.

"아빠, 요트에 물 들어와요!"

아빠가 말했어요.

"엔진을 끄고 구조를 기다리자."

엔진이 꺼지자 배 흔들림도 조금씩 줄어들었어요.

그때 요트 뒤에서 폐어망을 실은 고깃배가 다가왔어요.

"엔진 소리가 이상하다 싶어 와 봤소. 얼른 옮겨 타시오."

무뚝뚝한 말투와 달리 아저씨 얼굴에는 걱정이 가득했어요. 어진이는 아저씨의 도움을 받아 고깃배로 옮겨 탔어요.

어진이는 다리가 풀려 풀썩 주저앉았어요. 어깨가 욱신거리고 손이 덜덜 떨렸어요. 이제야 사고의 충격이 몰려왔어요. 아빠도 고깃배로 옮겨 탔어요. 아빠와 어진이는 아저씨에게 고맙다는 인사를 했어요.

아빠가 기울어진 요트를 보며 말했어요.

"아무래도 폐어구에 걸린 것 같지요?"

아저씨가 고개를 끄덕였어요.

아빠와 아저씨가 요트 사고에 대해 이야기하는 동안, 어진이는 멍하니 앉아 있었어요.

갈매기 한 마리가 배 난간에 앉았어요. 또 다른 갈매기 한 마리가 그물에 앉았어요. 아저씨가 건져 올린 폐어망이었어요. 갈매기가 폐어망을 부리로 쿡쿡 찌르더니 날카로운 울음소리를 내며 날아갔어요.

"갈매기가 왜 저러지?"

어진이는 폐어망을 들여다봤어요. 뒤엉킨 그물에 죽은 물고기가 있었어요.

어진이가 물었어요.

"아저씨, 그물에 죽은 물고기가 있어요."

아저씨가 말했어요.

"물속에 얼마나 있는지 알 수 없으니, 후유. 아마 요트 사고도 폐어망 때문일 거다."

아빠가 기울어진 요트를 바라보며 한숨을 푹 내쉬었어요.

아저씨는 어진이에게 폐어망 이야기를 해 주었어요.

"바다에 버려진 폐어구는 건져 올리기 어려워. 봐라, 바다는 넓고 깊은데 물살을 따라 그물이 떠돌아다니니 어떻게 치우겠노."

아빠가 말했어요.

"만약 배가 밤에 그물에 걸려 뒤집히면 사람도 크게 다치겠어요."

어진이는 갑자기 궁금한 점이 생겼어요.

"아저씨, 누가 폐어망을 버렸어요?"

"버렸다고 볼 수는 없지. 고기잡이를 하다가 밧줄이 끊어져 바다에 떠내려가기도 하고, 배에 보관하고 있던 어구들이 강풍에 날아가기도 해. 그물을 던져 놓고 부표로 표시를 하는데, 파도에 부표가 떨어져 나가면 위치를 찾을 수 없어 잃어버리게 되는 거야."

어진이가 아빠를 보며 말했어요.

"아빠, 우리도 같이 폐어망 건지는 일을 해요."

아저씨는 어진이 말에 갈고리가 달린 밧줄을 넘겨주었어요. 어진이는 갈고리를 바다에 넣었어요. 아저씨는 배를 몰았어요.

배가 천천히 움직이는 동안 갈고리에 폐어망이 걸리면 밧줄 끝에 달린 방울에서 '딸랑' 소리가 나요. 잠시 후 방울 소리가 났어요.

어진이가 외쳤어요.

"뭔가 걸렸어요!"

아빠와 아저씨가 배를 세우고 밧줄을 끌어 올렸어요. 폐어망이 갈고리에 걸려 올라왔어요. 물고기를 잡은 것은 아니었지만, 어진이는 왠지 뿌듯했어요.

두 번째로는 둥그런 어망이 걸려 올라왔어요.

"아빠, 물고기랑 문어가 살아 있어요."

어망 바닥에는 물고기 꼬리가 굴러다녔어요.

아저씨가 말했어요.

"바다에 넣어 줘라."

어진이는 어망에서 살아 있는 물고기와 문어를 빼내 바다에 놓아주었어요.

어진이와 아빠는 어망 두 개와 찢어진 그물 하나를 건져 올린 후 잠시 쉬었어요. 아저씨가 시원한 물병을 주었어요.

그때 사이렌이 울리면서 해양 경찰선이 다가왔어요.

"아빠, 해양 경찰이 오고 있어요."

해양 경찰선이 요트 근처에서 멈췄어요. 고깃배도 요트 근처로 갔어요.

아빠가 경찰에게 사고가 난 상황을 이야기했어요.

요트 주변을 살핀 경찰이 말했어요.

"물속으로 들어가 확인해 봐야겠어요."

아빠는 잠수복을 입고 해양 경찰과 함께 물속으로 들어갔어요. 초조한 시간이 느리게 흘렀어요.

물 위로 고개를 내민 경찰이 말했어요.

"모터에 밧줄이 감겼어요. 이 상태로는 운항이 힘듭니다."

아빠가 어진이를 보며 우울한 얼굴로 말했어요.

"밧줄이 빨려 들어가면서 프로펠러가 망가졌어."

어진이와 아빠는 해양 경찰선으로 옮겨 탔어요.

"폐어구 때문에 고기잡이배가 전복된 사고도 있었어요. 운항할 때 조심하십시오."

어진이는 고깃배 아저씨를 향해 손을 흔들었어요. 폐어망을 실은 고깃배는 항구로 돌아갔어요.

인양선이 요트를 끌어올려 싣고 항구로 왔어요.

어진이와 아빠는 요트를 보러 갔어요. 육지에 놓인 요트 스크루에는 물이끼가 낀 밧줄이 칭칭 감겨 있었어요. 조개가 붙어 있는 밧줄에서는 퀴퀴한 냄새가 났어요.

어진이는 밧줄을 보며 말했어요.

유령 그물에 걸린 바다거북

"아빠, 이게 바로 바다 유령이네요."

어진이는 벌어진 입을 다물지 못했어요. 항해 중에 실제로 유령 어구에 당한 사실을 믿을 수가 없었어요.

아빠가 울적한 표정으로 말했어요.

"지난봄 지중해를 항해할 때는 이런 일이 없었는데……. 우리나라 바다가 지중해보다 쓰레기가 더 많은 것 같아."

어진이는 놀랍기고 하고 화도 났어요. 독도 항해를 다녀온 후 남해 야간 항해를 가기로 약속했거든요.

아빠가 말했어요.

"어진아, 유령 어구 때문에 야간 항해는 취소해야겠다."

밤바다에서 별을 보려고 했던 어진이 꿈이 깨졌어요. 어진이는 요트 스크루를 망가뜨린 유령 어구를 째려봤어요. 유령 어구는 쿰쿰한 냄새를 풍겼어요. 어진이는 바다에서 유령 어구를 완전히 없애는 방법을 꼭 찾아야겠다고 다짐했어요.

풍덩, 지식의 바닷속으로!

조개잡이 배 '덕진호' 사고

2019년 5월 30일 조개를 잡기 위해 바다로 나갔던 덕진호가 부안 앞바다에서 뒤집어지는 사고가 일어났어요. 다음 날 새벽 6시쯤 지나가던 어선이 발견해서 신고했어요.

선원 4명은 구조되었지만, 선장과 다른 선원 2명은 의식이 없는 상태로 발견되었어요. 안타깝게도 이 3명은 깨어나지 못했지요.

선원의 말에 따르면 배가 갑자기 흔들렸다고 해요. 날씨는 좋았기 때문에 날씨가 원인은 아니라고 했어요.

해양 경찰은 뒤집어진 덕진호를 살피다가 스크루에 밧줄이 걸려 있는 것을 발견했어요. 바다에 버려져 못 쓰게 된 밧줄이었어요. 파도에 떠밀려 다니던 밧줄이 스크루에 빨려 들

그물과 뒤엉켜 있는 밧줄

어가 칭칭 감기면서 배가 뒤집어진 거예요.

　넓은 바다에서 일어나는 사고는 예측할 수 없어요. 바다에 버려진 밧줄은 특히 위험해요. 배 엔진에 밧줄이 걸리면 엔진이 고장 나기도 하고, 배가 뒤집어지기도 해요.

　1993년에 일어난 '서해 훼리호 사고'도 비슷한 경우였어요. 물에 떠다니던 어망과 나일론 밧줄이 여객선 프로펠러에 걸렸어요. 그래서 여객선이 오른쪽으로 돌면서 기울어지다가 침몰한 사고였어요.

유령 어업으로 어떤 일이 일어날까?

바다에 버려진 그물, 밧줄, 어망, 낚싯줄 등을 '폐어구'라고 불러요.

폐어구에 작은 물고기가 걸리면, 작은 물고기를 먹으려는 포식자 물고기도 폐어구에 걸려요. 점점 많은 물고기가 폐어구에 걸리게 되는 것이지요. 폐어구들이 물고기들을 계속해

서 가두기 때문에 '유령 어업'이라 불러요.

유령 어업의 피해를 보는 바다 생물이 해마다 늘어나고 있어요. 버려진 낡은 그물이나 밧줄에 몸이 걸린 바다거북, 상어, 고래 등은 먹이 활동을 하지 못해 굶어 죽거나 상처에 염증이 생겨 죽어 가요.

유령 어업은 바다 생물뿐만 아니라 사람들도 위협하고 있어요. 최근 5년간 폐그물로 발생한 선박 사고는 1,463건이나 돼요.

화물선, 여객선, 요트, 낚싯배, 고기잡이배 등 바다에서 활동하는 모든 선박은 아래쪽에 엔진이 있어요. 밧줄이나 폐어망이 엔진에 감기면 배가 고장 나요. 이때 배에 타고 있던 사람들이 다치거나 배가 침몰하기도 해요. 심지어 2015년 우리나라 군산 앞바다에서는 스쿠버 다이빙을 하던 사람이 폐그물에 걸려 사망하는 사고도 있었어요.

유령 어업은 어디서 왔을까?

폐어구가 발견되는 이유는 어업 활동을 하는 사람들이 여러 이유로 사용하던 어구를 바다에 버렸기 때문이에요. 낡은 어구를 쓰레기로 처리하면 비용이 나오기 때문에 바다에 버

나일론 섬유로 만들어진 그물

리기도 해요. 또한 어업 활동을 하면서 태풍이나 거센 파도, 강한 바람에 어구들이 찢어지거나 떠내려가기도 하지요.

폐어구 중 가장 많은 것은 자망과 통발이에요. '자망'은 물고기를 잡는 데 쓰는 그물이에요. 거대한 그물을 물결 방향의 수직으로 물속에 내리고 물고기를 잡지요. 우리나라를 포함한 동아시아 나라들에서 자망을 많이 사용해요.

'통발'은 작은 입구가 있는 그물로 만든 통이에요. 통 안에 미끼를 넣은 후 바다에 던져 물고기를 잡지요. 통발이 물속에 버려지면 물고기가 통발에 갇혀 빠져나오지 못하고 죽어요.

1950년까지만 해도 그물을 천연 재료로 만들어서 시간이 지나면 자연 상태로 분해되었다고 해요. 그때는 유령 어업이라는 말이 없었지요. 이후에는 튼튼하고 오래가는 나일론 섬유로 그물을 만들면서 바다에 버려진 그물이 썩지 않고 남아 있게 되었어요. 나일론 그물은 무려 600년이 지나야 썩기 시작해요.

결국 사람들이 버린 폐어구들이 유령으로 되돌아와 바다 생명과 우리 모두를 위협하고 있어요.

유령 어구를 처리하는 방법

매년 바다에 버려지거나 가라앉는 폐어구는 4.4만 톤 정도 돼요. 그중에서 건져 올리는 폐어구는 1.1만 톤 정도예요. 나머지는 여전히 바다를 떠다니거나 바다 밑에 가라앉아 있어요.

우리나라 정부에서는 어구를 관리하기 위해 어구 실명제를 실시하고 있어요. 어민들은 사용하지 못하게 된 어구는 관청에 반납하고, 물에 떠다니는 폐어구를 발견하면 해양 경찰이나 어업관리단 또는 관청에 신고해요. 그래야 물고기들

바닷가에 쌓여 있는 어망들

을 보호할 수 있어요.

낚시나 바다 활동을 하고 난 후 통발, 낚시 도구, 물놀이 용품 등의 쓰레기는 집으로 가져와 분리배출 해야 해요. 다행히 요즘에는 스쿠버 다이빙을 하면서 폐어구를 물 밖으로 가져오는 작업을 하는 사람들이 늘어나고 있어요.

바다에 버려진 폐어구를 수거해 다양하게 활용하는 것도 좋은 방법이에요. 최근에는 폐어구로 고품질의 나일론 섬유를 만들어 의류, 가방, 신발을 생산하고 있어요. 우리나라의 한 대기업은 '지구를 위한 갤럭시' 활동으로 폐그물 등을 스마트 기기를 만드는 데 사용하겠다고 밝혔어요.

충남 보령시 송학 1리에서는 폐그물을 이용한 이색 전등을 마을에서 전망대까지 설치했어요. 관광객들은 폐그물 업사이클링* 전등을 따라 안전하게 전망대에 올라 해맞이를 했어요.

유령 어업으로부터 안전한 바다를 만드는 방법

폐어구로 일어나는 유령 어업을 막는 방법이 있어요. 첫 번째는 바다 활동을 하는 사람들이 폐어구의 심각성을 알고, 폐어구가 발생하지 않도록 행동해야 해요.

유령 어구를 막기 위해 어구에 소유자의 이름을 붙이고, 부표와 깃대로 표시를 남기는 '어구 실명제'에 적극적으로 참여해야 해요. 어민들이 폐어구와 폐부표를 가져오면 보증금을 돌려주는 '어구·부표 보증금제'도 활용해야 해요.

정부에서는 어구를 만드는 순간부터 낡은 어구를 쓰레기로 버리는 모든 과정을 관리하는 '어구 관리 정책'을 실시하

> * **업사이클링(upcycling)**: 재활용할 수 있는 소재에 디자인과 활용성을 더해 가치를 높이는 일을 말해요.

고 있어요. 또한 매년 정해진 기간에 바다에 설치한 그물을 한꺼번에 건져 올려 항구로 가져와서 낡은 그물을 골라내 버리고 관리하는 '어구 일제 회수 사업'도 하고 있어요. 최근에는 물속에서 2년 정도 지나면 분해되는 어구들이 생산·판매

되고 있어요.

두 번째는 폐어구를 불법으로 버리는 행동을 감시하고 단속해야 해요. 바다는 너무 넓어서 누군가 삭은 그물이나 어망을 바다에 버리는 것을 막기 어려워요.

바다에서 폐어구를 발견하면 바로 신고해야 빠르게 건져 올려 치울 수 있어요. 하지만 무엇보다 폐어구를 바다에 버리지 않는 것이 가장 중요해요.

보글보글, 지식 더하기

바닷속 괴물들의 정체

파란고리문어
우리나라 바다에서도 볼 수 있어요. 몸통은 노란색 바탕이며, 위험을 느끼면 몸통과 다리에 파란 고리 무늬가 드러나요. 물을 강하게 내뿜어 빠르게 헤엄치며, 26명의 사람을 죽일 수 있는 강력한 독을 가지고 있어요. 몸길이가 10cm 정도로 작지만, 숨어서 공격하는 능력이 뛰어나요.

노란입술바다뱀
바다와 육지를 다 돌아다녀요. 기다란 몸통에는 흑백 줄무늬가 있어요. 꼬리로 헤엄을 치는데, 기다란 몸통 때문에 고기잡이 그물에 자주 걸려요. 강력한 독을 가지고 있어 조심해야 해요.

대보초청자고둥
모래 속에 숨어 작은 갈고리 작살을 쏴요. 이 작살은 세상에서 가장 강한 독침이에요. 아직까지 치료 방법도 없어요. 두껍고 단단한 껍데기로 자신의 몸을 보호하며, 냄새로 먹이를 찾아 사냥해요.

점쏠배감펭

몸 전체에 붉은색 줄무늬가 있어요. 넓고 기다란 가슴지느러미로 먹이를 구석으로 몰아 기절시킨 다음 한입에 꿀꺽 삼켜요. 빨리 헤엄치지는 못하지만, 공격성이 강하고 등지느러미 가시에 독이 있어요. 찔리면 독 때문에 상처가 곪아요.

관벌레

깊은 바다에서 뿜어져 나오는 유황 가스를 먹고 살아요. 기다란 관 끝에 붉은 꽃잎처럼 보이는 아가미가 있어요. 입과 소화 기관은 없어요. 어떤 관벌레는 3m가 넘게 자라요.

몸 전체에 줄무늬가 있는 점쏠배감펭

5 폐수

끈적거리는
바다 콧물이
해안 전체를
뒤덮다

다섯 번째 이야기
바다 콧물에 갇혀 버린 샨

이른 새벽, 샨은 할아버지와 함께 작은 고깃배에 올랐어요. 바닷가에서 식당을 운영하는 파올로 아저씨가 손을 흔들며 소리쳤어요.

"샨, 가재 많이 잡아서 우리 가게로 가져오너라. 값은 잘 쳐 주마."

"네, 아저씨네 가게로 갈게요."

바람이 불었어요. 톡 쏘는 오렌지 향이 코끝을 스쳤어요. 오렌지를 가득 실은 트럭들이 지나갔어요. 항구 끝에 있는 오렌지 가공 공장으로 가는 차들이에요.

샨은 파올로 아저씨에게 손을 흔들고는 노를 저었어요. 항

앞의 큰 발에 집게발톱이 있는 가재

구를 벗어나자 아침 해가 떠올랐어요.
"할아버지, 통발에 가재가 들어왔겠지요?"
싱싱한 가재는 문어나 물고기보다 돈을 더 많이 받아요.
"날씨가 좋으니 분명 가재 몇 마리가 들어 있을 거다."
노를 젓는 할아버지의 주름진 얼굴에 웃음이 번졌어요.
갯바위를 지나자 어제 던져 놓은 부표가 보였어요. 빨간 깃대에 샨의 이름이 적혀 있는 부표예요.
할아버지가 물속으로 손을 넣어 부표와 연결된 밧줄을 당겼어요.
"할아버지, 무거워요?"

"그래, 묵직하구나."

샨은 기분이 좋았어요. 샨과 할아버지는 모터 달린 배를 사기 위해 돈을 모으고 있어요. 돈은 절반 넘게 모았어요.

샨이 어깨를 으쓱거리며 말했어요.

"할아버지를 선장으로 모실게요. 지휘만 하세요. 일은 제가 다 할게요."

샨의 큰소리에 할아버지가 웃었어요. 할아버지는 밧줄을 더욱 힘껏 당겼어요.

"으챠!"

물속에서 통발이 올라왔어요.

"우와, 세 마리 다 커요!"

샨은 환호성을 질렀어요. 배 위만 아니었으면 펄쩍 뛰었을 거예요.

샨은 통발을 뒤집어 물통에 가재를 쏟았어요. 가재들이 집게를 사납게 휘저었어요. 통발에 생선 조각을 넣고 다시 바다에 던졌어요.

샨과 할아버지는 열 개가 넘는 통발을 건졌어요. 물통에는 가재가 가득 찼어요. 문어 두 마리와 물고기도 잡았어요.

샨은 가재를 보자 웃음이 저절로 나왔어요.

"할아버지, 매일 이렇게 잡히면 좋겠어요."

할아버지는 마지막 통발을 힘껏 바다에 던지고는 노를 잡앉어요.

샨은 노를 잡은 손에 힘을 주었어요. 어쩐지 노가 무겁고 잘 안 움직였어요.

"할아버지, 노에 뭔가 걸린 것 같아요."

할아버지가 물속을 들여다봤어요. 물속은 잔잔했어요.

항구 쪽으로 갈수록 노 젓기가 힘들어졌어요. 물속에서 무언가가 노를 잡아당기는 느낌이 들었어요.

"할아버지, 저게 뭐예요?"

마시멜로 같은 회색 거품 덩어리들이 밀려왔어요. 샨이 고개를 내밀어 냄새를 맡았어요.

"조금 비릿하긴 한데 독한 냄새는 안 나네요."

샨은 배에 달라붙은 거품을 손끝으로 찔렀어요. 거품이 손끝에서 쭉 늘어졌어요.

"엄청 끈적거려요. 우웩, 누런 콧물 같아요."

"음, 이런 일은 처음이네."

할아버지는 말을 잇지 못했어요. 거품을 살피는 동안 샨과 할아버지가 탄 작은 배는 회색 거품에 갇혀 버렸어요.

샨은 노를 저었어요. 하지만 배가 움직이지 않았어요.

"할아버지, 배가 앞으로 안 나가요!"

"거품이 끈적거려서 그런 것 같구나."

"이 거품들은 도대체 어디서 왔을까요? 빨리 가야 가재를 팔 수 있는데……."

"거품을 가르고 가야겠구나."

샨은 노를 들어 올려 거품을 휘저었어요. 거품은 스펀지 덩어리처럼 뭉쳐서 꿈적도 안 했어요. 화가 난 샨은 노로 거품을 퍽퍽 때렸어요. 하지만 소리만 나고 거품은 흩어지지 않았어요.

"비켜 보거라."

할아버지는 노를 물속에서 거품 위로 들어 올렸어요. 거품이 치즈처럼 쭉 늘어났어요.

할아버지는 난감한 표정으로 말했어요.

"샨, 노를 힘껏 저어 봐."

샨은 할아버지와 박자를 맞추어 노를 저었어요. 할아버지가 거품을 찢으면 샨이 노를 저었어요. 배는 한 뼘 정도 움직이다 멈춰 버렸어요.

그때 저만치 앞에서 구조대원들이 거품을 헤치고 다가왔어요.

"배에서 내리세요."

샨은 가재가 담긴 통을 쳐다봤어요. 그 모습을 본 구조대

오염되어서 거품으로 뒤덮인 물

원이 고개를 저었어요.

"인명 구조가 우선입니다."

샨과 할아버지는 구명조끼를 입고, 구조대원이 내민 밧줄을 허리에 묶었어요. 구조대원들은 샨과 할아버지를 항구까지 데려다주고, 또다시 거품 바다로 나갔어요.

방파제에 오른 샨과 할아버지는 풀썩 주저앉았어요.

"아휴, 이게 다 무슨 일인지 모르겠어."

각종 오염 물질을 배출하는 공장

파올로 아저씨가 물병을 내밀었어요. 아저씨는 바다를 보며 한숨을 쉬다가 걱정을 쏟아 냈어요.

샨과 할아버지는 물을 마신 후 숨을 내쉬었어요.

할아버지가 지친 목소리로 물었어요.

"파올로, 저 거품이 뭔지 아는가?"

파올로 아저씨가 얼굴을 찌푸리며 말했어요.

"사람들이 바다 콧물이라고 하더군요."

샨은 바다 콧물이라는 말에 속이 울렁거렸어요. 손등에 말라붙어 있는 거품을 보니 정말 코딱지 같았어요. 샨은 방수 주머니에 넣어 둔 휴대폰을 꺼내 바다 콧물을 검색했어요.

"할아버지, 바다가 뱉어 내는 오염 물질이래요. 육지에서 바다로 흘러 들어가는 공장 폐수 때문에 발생한다고 해요."

할아버지가 고개를 갸웃했어요. 항구 주변에는 폐수가 나오는 공장이 없어요.

할아버지는 의아한 표정으로 말했어요.

"공장 폐수? 공장이라고는 오렌지 공장뿐이잖아."

파올로 아저씨가 오렌지 공장 쪽을 힐끔 보더니 쯧쯧 혀를 찼어요.

"어쩐지 좀 전에 환경청 사람들이 공장으로 우르르 몰려가더라. 오렌지 즙을 짜고 남은 찌꺼기를 바다에 버렸지. 일전에 나도 봤어."

할아버지가 고개를 끄덕했어요.

"그게 썩는 거라고 괜찮다 싶어 버렸구먼."

"그렇지. 그런데 한두 개도 아니고 한 수레씩 버렸으니. 그게 바닷속에 쌓여 썩어 가고 있다고 하더라고."

파올로 아저씨 말에 할아버지가 화를 냈어요.

"어째 그런 멍청한 짓을 하는 사람이 있어! 우리가 먹는 음식에 오줌을 누는 것과 같지 않느냐고!"

샨은 고개를 끄덕였어요. 사람들 입으로 들어가는 가재, 물고기, 조개가 있는 바다에 더러운 물을 버리는 것은 정말 바보 같은 짓이에요.

샨은 공장을 쎄려봤어요. 이미 거품이 항구 전체를 덮어 버린 마당에 화만 낸다고 가재를 가져올 수는 없었어요. 샨은 거품에 갇혀 있는 배를 보면서 가재가 죽을까 봐 걱정이 되었어요.

"할아버지, 배 어떡해요? 가재도 가져와야 하는데……."

샨은 거품 위로 달려가서라도 가재를 가져오고 싶었어요. 할아버지 얼굴이 근심으로 어두워졌어요.

"거품을 다 걷어 내야 배를 가져올 텐데……."

파올로 아저씨가 고개를 끄덕였어요.

"그렇지. 일단 거품부터 치워야 배가 움직이지."

그때 사람들이 차에서 우르르 내렸어요. 환경청 사람들이 배에 펌프를 설치하고, 호스를 바다로 넣었어요. 펌프를 작동시키자 거품이 꿀렁꿀렁 호스 속으로 빨려 들어갔어요.

샨이 벌떡 일어났어요.

"우리도 같이 치워요. 빨리 치우고 배와 가재를 가져와야지요."

할아버지도 몸을 일으켰어요.

파올로 아저씨가 팔을 걷어붙이며 말했어요.

바다 오염으로 죽은 물고기들

"사람들을 모아 오마. 다 같이 힘을 보태야지."

할아버지와 샨은 얕은 바다로 내려가 거품을 걷어 포대에 담았어요.

샨이 환경청 아저씨에게 물었어요.

"이러다 포대가 금방 다 차겠어요. 거품이 저절로 없어지지 않나요?"

같이 거품을 치우던 환경청 아저씨가 말했어요.

"안 치우고 놔두면 가스가 발생해서 계란 썩는 냄새가 나. 거품이 바다를 덮고 있으면 물고기들이 숨이 막혀 죽지."

샨은 거품 때문에 물고기들이 죽는다는 생각만으로도 코끝이 찡했어요.

호스가 불룩불룩 하더니 펌프가 멈춰 버렸어요.

환경청 아저씨가 한숨을 내쉬었어요.

"후유, 거품이 질긴 실처럼 늘어지고 끈적거려서 호스가 막혔나 보다."

아저씨는 호스에 막대를 집어넣어 쑤셨어요. 호스를 탕탕 두드려 거품을 빼내려 했지만 잘 나오지 않았어요.

"아저씨, 거품이 고무줄 같아요."

"그래서 거품이 모터에 달라붙으면 배가 심하게 망가지기도 한단다."

아저씨 말에 샨은 너무 놀랐어요.

"강력 끈끈이 접착제와 비슷하네요."

마을 주민들까지 몰려와 거품을 치웠어요. 반나절쯤 지나 펌프로 빨아들인 거품 포대가 쌓여 가자 바닷길이 열렸어요.

샨과 할아버지는 구조대 고무보트에 올라 배로 갔어요. 샨은 배에 도착하자마자 가재부터 확인했어요.

"후유, 다행이다. 할아버지, 죽은 가재는 없어요. 얼른 항구로 가요."

항구 주변에는 거품 덩어리들이 드문드문 떠 있었어요. 샨은 거품만 봐도 끔찍했어요. 두 번 다시 마주치고 싶지 않았어요.

"할아버지, 거품이 또 생기면 어떡해요? 거품이 생기지 않도록 우리가 할 수 있는 일이 뭐가 있을까요?"

"폐수가 바다로 흘러 들어가지 못하도록 해야지."

할아버지 말에 샨이 주먹을 불끈 쥐었어요.

"네, 바다로 폐수가 들어가지 않도록 감시하는 것도 필요하겠어요!"

샨은 눈을 크게 뜨고 바다를 지키기로 했어요. 사람들이 해안에서 허리를 굽히고 거품을 걷어 내고 있었어요. 힘들지만 모두가 힘을 모아 일하고 있었어요. 샨은 그 모습을 바라보며 생각했어요.

'바다는 분명 푸른빛으로 돌아올 거야.'

풍덩, 지식의 바닷속으로!

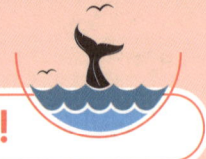

튀르키예 마르마라해를 덮친 바다 콧물

튀르키예 이스탄불 마르마라 해변에 회색 거품이 밀려들었어요. 처음에는 이스탄불 남쪽 해역에서 발견된 회색 거품은 빠르게 늘어나 거대한 덩어리로 뭉쳐 해안 전체를 덮어 버렸어요.

거품의 정체는 바로 끈적거리는 바다 콧물이었어요. 잡아당기면 마시멜로처럼 쭉쭉 늘어나지요. 밟아도 흩어지지 않을 정도로 끈적거려요.

많은 물고기가 바다 콧물 때문에 숨을 쉬지 못하고 죽었어요. 무엇보다 바다 콧물은 위성에서도 보일 정도로 퍼지는 속도가 빨랐어요. 튀르키예 환경부는 바다 콧물을 제거하기 위해 해양 환경 개선팀을 만들어 해양 정화 작업에 나섰어요.

마르마라해에 일어난 녹조 현상

바다 콧물로 어떤 일이 일어날까?

햇빛과 산소가 물속까지 들어가야 해초들이 산소를 만들어 내요. 하지만 끈적거리는 거품이 바다 위를 덮으면 물속의 산소가 줄어들고, 많은 바다 생물이 숨을 쉬지 못하고 죽어요.

거품 덩어리가 고기잡이 그물에 걸리면 그물이 찢어지고, 어선 모터에 거품이 빨려 들어가면 어선이 고장 나요.

끈적거리는 거품 속에는 죽은 바다 생물 찌꺼기가 붙어 있어서 처음에는 비릿한 냄새가 나다가 시간이 더 지나면 썩은 계란 냄새가 나요. 심한 악취는 사람들의 건강에 나쁜 영향을 주지요.

결국 오염된 바다에서는 수영, 스쿠버 다이빙, 서핑, 요트 낚시 등과 같은 바다 스포츠도 할 수 없어요.

바다는 왜 콧물 증상이 나타날까?

바다 콧물이 생기는 원인은 사람들이 폐수를 바다에 버리기 때문이에요.

생활 하수와 공장 폐수에는 많은 유기물과 영양 염류*가 들어 있어요. 이것이 정화되지 않고 바다로 들어가면 바닷물 속 질소와 인의 농도가 짙어지면서 식물 플랑크톤이 대량으로 번식하게 돼요. 이렇게 늘어난 플랑크톤이 많은 유기 물질을 배출하고, 바다 콧물이라 불리는 점액의 양도 늘어나지요.

---

* **영양 염류**: 바닷물 속에 들어 있는 질소, 인, 규소 등을 가리키는 말이에요. 많고 적음에 따라 식물 플랑크톤의 번식을 좌우해요.

바닷물 온도가 올라가거나 바닷물 흐름이 느린 곳, 바닷물이 고여 있는 곳일수록 바다 콧물 증상이 심해요. 더러운 물에 찌꺼기가 덩어리로 뭉치는 것과 비슷해요.

바다 콧물 증상을 치료하는 방법

튀르키예에서는 잠수부를 동원해 펌프로 바다 콧물을 빨아들였어요. 하지만 늘어나는 바다 콧물을 펌프로 빨아올려 처리하기 위해서는 많은 시간과 비용이 들어요. 바다 콧물이 계속해서 늘어난다면 펌프만으로 처리하기는 힘들어요. 근본적으로 바다 콧물 증상이 발생하지 않도록 막아야 해요.

바다 콧물 증상을 없애려면 오염된 물이 바다로 흘러 들어가는 것을 막아야 해요. 육지의 오염된 물은 정화 시설을 통

오염된 물을 처리하는 시설

해 오염 물질을 걸러 낸 후 흘려 보내야 해요.

바다를 항해하는 선박은 오염된 물을 함부로 바다에 버리지 않아야 해요. 해안 도시의 하수나 공장 폐수가 강을 통해 바다로 들어가지 않는지 확인하고 단속하는 것도 중요해요.

또한 해안 습지를 보호하고 늘려야 해요. 육지와 바다를 연결하는 갯벌 습지는 바다로 들어가는 오염 물질을 막거나 걸러 주는 역할을 하기 때문이에요.

최근에는 바다 콧물을 경제적으로 활용하기 위해 노력하고 있어요. 거품이 열분해될 때 나오는 가스에서 수소를 얻는 방법이나 거품에 들어 있는 질소, 인, 규소 등을 비료로 만드는 방법을 연구하고 있어요.

> **보글보글, 지식 더하기**

산소가 거의 없는 죽음의 바다 '데드 존'

'죽음의 바다'라고 불리는 데드 존이 늘어나고 있어요. '데드 존'은 산소가 아주 적어서 어떤 생물도 살 수 없는 곳이에요.

데드 존은 1960년대에 45곳이었는데, 현재는 700곳으로 늘었어요. 아직 발견하지 못한 데드 존까지 합치면 1,000곳 이상이라고 예측하고 있어요.

죽음의 바다가 생기는 이유는 무엇일까요? 첫 번째는 육지에서 바

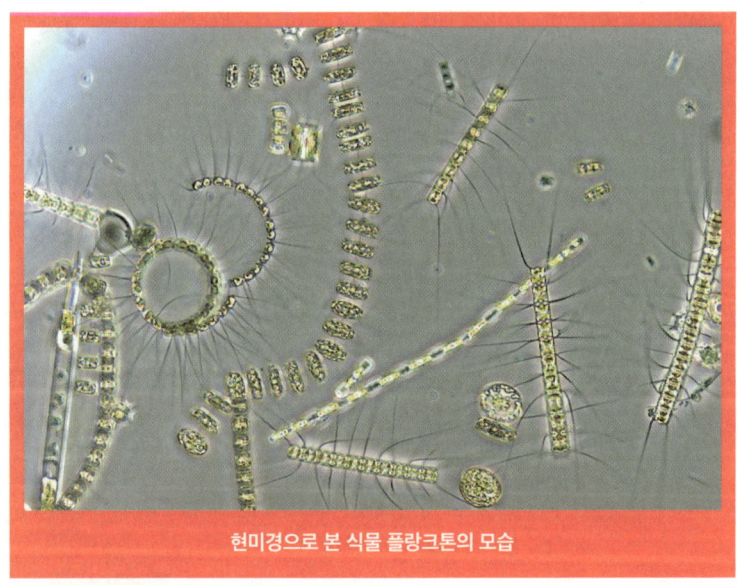

현미경으로 본 식물 플랑크톤의 모습

다로 버려지는 폐수 때문에 대량으로 발생한 식물 플랑크톤이 많은 산소를 소비하면서 데드 존이 형성돼요. 식물 플랑크톤은 산소를 먹어 치우는 포식자예요.

두 번째는 지구 온난화로 인해 바닷물의 온도가 상승하면서 데드 존이 형성돼요. 수온이 상승해 용존 산소량*이 줄어들면 산소가 거의 없는 곳이 생겨나요.

우리나라 바다에서도 데드 존이 발견되었어요. 남해안과 평양 인근 바다예요. 산업화와 도시화로 플랑크톤이 비정상적으로 크게 번식하는 적조 현상이 자주 일어나면서 데드 존 발생 지역도 늘어나고 있어요. 데드 존이 형성되면 물길을 따라 움직이던 물고기들은 산소 부족으로 숨이 막혀 죽을 수밖에 없어요.

적조 현상이 일어난 바다

* **용존 산소량**: 하천이나 호수 등 물속에 녹아 있는 산소의 양을 말해요.

6 기후 변화

바다에서 열이 나
거대한 물기둥이
하늘로 치솟다

여섯 번째 이야기

제주 함덕 해수욕장에 상어가 나타났다

 희강이가 빨간 고무공을 던졌어요. 동윤이가 펄쩍 뛰어올라 고무공을 잡았어요. 파도가 밀려와 발밑의 모래가 쓸려 나갔어요.
 함덕 해수욕장은 수영을 하거나 파도를 타는 사람들, 강아지를 안고 산책하는 사람들로 붐볐어요.
 "우리 파도 타러 가자."
 희강이와 동윤이는 고무공을 파라솔에 던져 놓고 튜브를 챙겼어요. 그러고는 바다로 달려갔어요.
 "우와, 물이 안 차갑네."
 파도에 몸이 붕 떠올랐어요. 바나나 보트에 탄 사람들이 환호성을 지르며 지나갔어요. 그 뒤로는 까만 잠수복을 입은 사람들이 서핑을 하고 있었어요. 희강이와 동윤이는 튜브를 부딪쳤다 밀어 내면서 신나게 놀았어요.

그때 사이렌이 울렸어요. 희강이와 동윤이는 마주 보며 깜짝 놀랐어요. 대피 방송이 나왔어요.

희강이와 동윤이는 해변으로 올라왔어요. 사람들이 못마땅한 표정을 지으며 웅성거렸어요. 바다에서는 딱히 무슨 일이 일어나지 않았어요.

"왜 바다에서 놀지 못하게 하는 거지?"

동윤이 말에 희강이가 대답했어요.

"독성 해파리가 나타났나?"

그때 사이렌이 요란하게 울리면서 해안에서 떨어지라는 방송이 나왔어요.

갑자기 바람이 휘몰아치더니 파라솔이 넘어졌어요. 희강이 아빠는 넘어진 파라솔을 잡았어요. 먹구름이 몰려와 하늘이 어두워졌어요.

"저게 뭐지?"

희강이 눈이 휘둥그레졌어요.

"뭐? 어, 어, 어."

동윤이 입이 쩍 벌어졌어요.

바다에서 물기둥이 치솟았어요.

바다에서 발생한 용오름

"헉, 용오름이다!"

물건들이 거친 바람에 날아갔어요. 사람들은 몸을 웅크리고 바닥에 주저앉았어요. 물방울이 후드득 떨어졌어요.

해수욕장은 아수라장으로 변했어요. 비명을 지르거나 우는 사람도 있었어요.

희강이는 손으로 머리를 감싸고 조심스럽게 고개를 들었어요. 그 순간 공중에서 물고기가 떨어졌어요. 모래사장에 떨어진 물고기가 펄떡거렸어요.

"으악, 하늘에서 물고기가 떨어졌어!"

동윤이가 소리를 질렀어요.

희강이는 떨어진 물고기와 구름 사이로 치솟은 물기둥을

번갈아 봤어요. 용오름은 너무 강력해서 사람은 물론이고 배도 빨려 올라갈 것 같았어요.

'바다에서 놀다가 조금만 늦게 나왔다면……'

희강이는 생각만 해도 오싹했어요.

용오름이 사라지고 사이렌 소리도 멈췄어요. 구름이 걷힌 바다에 다시 해가 떴어요.

아빠가 한숨을 내쉬며 말했어요.

"얘들아, 무서웠지? 어서 정리하고 집으로 돌아가자."

짐을 챙기는 사람도 있었지만, 많은 사람이 아쉬운 듯 바닷가를 서성거렸어요. 그때 안전 요원들이 '입영 금지' 깃발이 달린 줄을 치기 시작했어요.

희강이는 의아했어요.

"왜 바다에 못 들어가게 하지?"

희강이와 동윤이는 줄을 치고 있는 안전 요원에게 다가가 물었어요.

"무슨 일 있나요? 왜 못 들어가게 해요?"

안전 요원이 말했어요.

"상어가 출몰할 수 있거든."

희강이와 동윤이는 펄쩍 뛰며 뒤로 물러났어요.

"상어요? 진짜요?"

안전 요원이 고개를 끄덕했어요.

그때 전망대 위쪽에서 바다를 살펴보던 안전 요원이 외쳤어요.

"상어다! 상어가 나타났다!"

또다시 사이렌이 요란하게 울렸어요.

희강이는 목을 빼고 상어를 찾았어요. 하지만 파도 때문에 상어가 보이지 않았어요.

동윤이가 안전 요원에게 물었어요.

"왜 상어가 나타났어요? 제주도에는 상어가 없잖아요."

"물이 더워지면서 상어가 따라 올라왔을 거야."

영화에서처럼 파도 사이로 상어가 금방이라도 입을 벌리고 튀어나올 것 같았어요. 희강이는 동윤이의 팔을 잡고 주춤거리며 뒤로 한 걸음 물러났어요.

모래사장에 서 있는데도 불안했어요. 희강이는 해수욕장을 상어한테 빼앗긴 것 같아 몹시 슬펐어요.

희강이와 동윤이는 아빠와 함께 짐을 정리했어요. 얼마 놀

상어의 한 종류인 백상아리

지도 못하고 집으로 돌아가야 해요.

"해파리도 무서운데 상어까지 나타나다니. 바다가 왜 이렇게 변했지?"

동윤이가 팔꿈치로 희강이 옆구리를 쿡 찔렀어요.

"식인 상어는 아니겠지?"

희강이도 상어가 왜 떠나지 않고 해수욕장을 빙빙 돌고 있는지 궁금했어요.

아빠가 말했어요.

"온난화 때문에 바닷물 온도가 올라가면서 물고기들이 이동하고, 상어는 먹이를 따라온 거야."

동윤이가 말했어요.

"아저씨, 용오름도 바닷물이 더워지면 일어나는 거래요."

"그렇지. 바닷물과 공기 중의 온도 차 때문에 물기둥이 하늘로 치솟는 거야. 용오름이 일어나면 물고기나 바닷새가 빨려 들어가기도 해."

동윤이가 몸을 부르르 떨었어요.

희강이가 아빠에게 물었어요.

"초강력 태풍도 바다가 더워져서 생기는 거예요?"

아빠가 어두운 표정으로 고개를 끄덕했어요.

잠시 골똘히 생각하던 희강이가 눈을 동그랗게 떴어요.

"아! 바닷물이 더워지지 않으면 상어도 제주도 바다까지 안 올라오겠다."

동윤이가 고개를 끄덕이며 말했어요.

"바닷물이 더워지지 않는 방법? 찾아보자."

두 사람은 얼굴을 맞대고 휴대폰으로 '바다가 더워요'를 검색했어요.

희강이가 말했어요.

"온실가스가 원인이래. 온실가스는 석탄이나 석유를 사용하면 발생한대."

동윤이가 대답했어요.

"자동차를 타거나 컴퓨터 게임을 해도 온실가스가 나오는 거잖아."

"이산화탄소 줄이기를 쉽게 알려 주는 표가 있어. 탄소 발자국!"

희강이가 휴대폰 화면을 아빠에게 보여 주었어요.

"아빠, 우리도 탄소 발자국 해 봐요."

아빠가 흐뭇한 표정으로 말했어요.

"지금이라도 늦지 않았어. 우리가 탄소 줄이기를 하면 바다도 더 이상 더워지지 않을 거야."

동윤이가 휴대폰을 들여다보며 희강이에게 말했어요.

"탄소 제거 대회도 있어. 어떤 방법이든 이산화탄소를 제거할 수 있는 방법을 찾는 거야. 상금도 엄청나게 많아."

희강이가 동윤이에게 말했어요.

"우리만의 탄소 제거 방법을 찾아보자."

"좋아. 탄소를 제거해서 상어를 먼바다로 돌려보내자."

파라솔 아래로 기분 좋은 바람이 불었어요.

풍덩, 지식의 바닷속으로!

바다 위의 토네이도 '용오름'

2021년 10월 21일 포항 영일만 앞바다에서 물기둥이 하늘로 치솟았어요. 바닷물이 하늘로 치솟는 모습이 마치 용이 하늘로 올라가는 모습처럼 보여 '용오름'이라고 해요.

이 현상은 바다 위의 토네이도예요. 위쪽의 차고 건조한 공기와 아래쪽의 습하고 따뜻한 공기가 섞이면 강력한 상승 기류가 만들어져요. 바람의 방향이 달라지면서 소용돌이가 만들어지고, 상승 기류가 물을 끌어올려 깔때기 모양의 용오름이 생기지요.

용오름이 생기면 강력한 폭풍우가 일어나기도 하고, 일정 지역에만 강풍이 불거나 우박이 떨어지기도 해요. 어떤 곳에서는 해일이 일어나기도 해요. 다행히 용오름이 육지까지 올

기후 변화

라오는 일은 없어요.

신기한 현상으로만 느껴지는 용오름은 사실 바다에 큰 피해를 줘요. 항해하는 선박이 갑작스러운 용오름에 휩쓸리면 사고를 당할 수 있어요.

하늘로 치솟는 용오름 때문에 비행기가 위험에 처하기도 해요. 무엇보다 바다 생물들이 용오름에 휩쓸려 하늘로 떠올라요. 경주 하늘에서 물고기가 섞인 비가 내렸다는 기록도 있어요.

바다에서 열이 나면 어떤 일이 일어날까?

바닷물의 온도가 올라가면 물고기들이 이동을 해요. 우리나라 동해에서는 명태가 차가운 물을 찾아 북쪽으로 올라갔어요. 그런가 하면 독도 바다에서는 열대 바다에서만 살던 파랑돔을 볼 수 있어요.

이처럼 바닷물이 더워지면 바다 생태계 전체에 변화가 일어나요. 그래서 바다 생물들이 가장 먼저 피해를 입지요.

해변에 구덩이를 파고 알을 낳는 푸른바다거북은 바닷물 온도가 올라가면 부화하는 알이 줄어들어 멸종 위기에 처하게 돼요.

게, 새우, 산호, 조개처럼 딱딱한 껍데기가 있는 생물들은 껍데기가 얇아지고 성장에 영향을 받아요. 올라간 물 온도 때문에 물속에 껍데기를 만드는 데 필요한 성분이 부족해지기 때문이에요.

흰동가리는 후각을 잃어 서식지인 말미잘을 찾지 못하고 포식자로부터 공격을 받아요. 양식장의 물고기들마저도 이동할 수 없기 때문에 더워진 물에 쇼크를 받아 죽거나 면역력 약화로 병이 들지요.

무엇보다 더 큰 문제는 바닷물 온도가 올라가면 물의 부피가 늘어난다는 거예요. 물 분자가 열을 받아 운동이 활발해지

얘들아, 왜 이리 안 깨어나니.

기 때문이에요. 이로 인해 극지방이나 고산 지대의 눈과 얼음, 빙산이 녹아 바닷물이 늘어나면 해안가가 물에 잠겨요.

천연기념물인 제주도 용머리 해안은 관광객들이 많이 찾는 곳이에요. 하지만 해수면이 상승하면서 최근에는 하루 8시간 이상 용머리 해안이 물에 잠겨요. 그래서 관광객들은 걸어서 용머리 해안을 둘러볼 수 없게 되었어요.

이뿐만 아니라 바다가 더워지면 강력한 태풍이 자주 발생해요. 열대 해역에서 만들어진 태풍은 더워진 바닷물을 에너지로 삼아 초대형 태풍을 일으키거든요.

바닷물 온도가 1도 오르면 대기의 습도는 약 7% 높아지는데, 습도가 높아지면 태풍의 힘이 강해져요. 최근에 강력한 태풍이 자주 발생하는 것도 바닷물 온도가 올라갔기 때문이에요.

엘니뇨도 바닷물 온도와 관련이 깊어요. 바닷물 온도가 평균 기온보다 높아지는 현상을 '엘니뇨'라고 해요. 주로 칠레와 페루 해안에서 발생하지요.

바다에서는 왜 열이 날까?

바다에서 열이 나는 현상을 '해양 열파' 또는 '바다 폭염'이라고 해요. 2021년 7월 우리나라 동해의 평균 수온은 22.2도 였어요. 최근 30년 동안의 평균 수온보다 2.7도나 높아졌지요.

바닷물의 온도가 올라가는 이유는 대기의 뜨거워진 열이 바다로 녹아들었기 때문이에요. 산업이 발달하고 도시가 늘어나면서 온실가스가 많이 발생하고 있어요. 이 때문에 대기의 온도도 올라간 것이지요.

또한 온실가스가 많아지면 오존층 간격이 벌어져 태양의 자외선이 바다에 그대로 흡수돼요. 자외선은 바닷물의 온도를 빠르게 상승시키는 역할을 해요.

바다에서 열이 나지 않게 하는 방법

탄소 발생을 줄이는 방법들이 있어요. 먼저 바다 생태계가 흡수하는 탄소인 '블루카본'을 들 수 있어요.

블루카본이 탄소를 흡수하는 속도는 육상 생태계보다 50배 이상 빨라요. 대표적인 블루카본으로 염생 식물*이 자라는 염습지, 맹그로브 숲, 해초 숲 등을 꼽을 수 있어요.

---

* 염생 식물: 바닷가나 갯벌 등 염분이 많은 땅에서 자라는 식물을 말해요.

열대 및 아열대 지역에서 볼 수 있는 맹그로브 숲

　해조류는 광합성을 통해 육지 숲보다 더 많은 이산화탄소를 흡수해요. 그래서 많은 나라가 바다에 인공 구조물을 설치해 해조를 심는 작업을 꾸준히 하고 있어요.
　갯벌은 이산화탄소를 저장하는 창고예요. 지구 생태계의 허파로 불리지요. 함초, 갈대, 갯잔디 등의 염생 식물과 우리나라의 갯벌이 저장하고 흡수하는 탄소는 1년에 60만 톤이 넘어요.

우리가 할 수 있는 일

　가까운 거리는 자전거를 타거나 걸어 봐요. 자동차 대신 지하철, 버스, 기차를 이용하면 좋아요. 전기를 아껴 쓰고 휴대폰 밝기를 줄이는 것만으로도 20%의 에너지 절약 효과가 있어요.
　읽지 않는 메일은 지우고, 디지털 휴지통을 자주 비우는 것도 좋아요. 디지털 기기를 생산할 때 많은 탄소가 발생해요. 따라서 한번 구매한 기기는 최대한 오래 사용하도록 해요.
　샤워 시간을 줄이고, 설거지를 할 때는 물을 받아서 하면 좋아요. 음식물을 남기지 않는 것도 중요해요. 비닐하우스에서 재배되는 과일이나 채소 대신 제철 과일이나 채소를 사 먹고, 채식을 하는 것만으로도 탄소 발생을 줄일 수 있어요.

보글보글, 지식 더하기

탄소를 먹는 '와편모류'

'와편모류'는 탄소를 먹는 바다 생물이에요. 얕은 바다부터 깊은 바다에서까지 활동하는 와편모류는 많은 양의 이산화탄소를 몸속에 저장해요. 바다 생물 중에서 탄소를 가장 많이 보유하고 있지요.

와편모류는 매우 작아서 눈으로 볼 수는 없지만, 오랫동안 바다를 지켜 온 생물이에요. 다양한 색소, 독소, 방어 물질 등을 가지고 있어서 건강 보조 식품과 의약품 재료, 화장품 등 해양 바이오산업 분야에서 쓰이고 있어요.

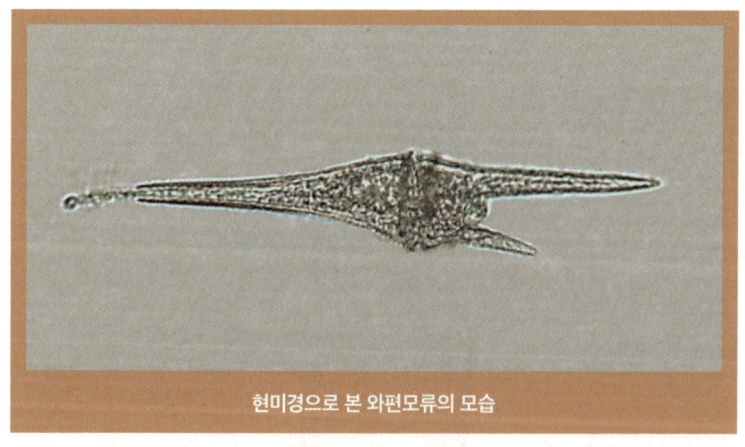

현미경으로 본 와편모류의 모습

지구를 구하는 '탄소 제거 대회'

'탄소 제거 대회'는 기후 위기를 맞아 인류에게 도움이 되는 해결책을 찾고, 탄소 순환의 불균형을 회복하기 위해 개최되었어요. 지구의 날인 2021년 4월 22일에 시작해서 2025년 지구의 날까지 두 단계로 나누어 진행해요.

탄소를 제거할 수 있는 기술과 아이디어를 찾기 위해 전 세계에서 많은 팀이 참여했어요. 그중 '마린 퍼머컬처' 팀은 '바다 숲' 프로젝트로 바다 부문 수상자로 선정되었어요.

바다 숲 프로젝트는 자연의 원리에 따라 농사짓고 생활하는 삶의 방식으로 바다 숲을 조성해 탄소를 제거하는 방법이에요. 바다 숲은 탄소를 바다 깊은 곳에 가두는 역할을 하고, 바다 생태계 복원에도 도움을 줘요.

탄소 제거 대회를 주최한 비영리 단체 '엑스프라이즈'는 인류를 위한 획기적인 아이디어를 얻기 위해 다양한 대회를 진행하고 있어요. 그중 하나인 탄소 제거 대회는 환경의 중요성을 알리고, 삶의 방식을 자연 친화적으로 바꾸어 우리 모두가 지구를 구하는 데 함께해야 한다는 것을 강조하고 있어요.

7 해저 개발

해저 채굴을 위해 하루 8,000번 충격파를 발사하다

일곱 번째 이야기
바닷속 구덩이에 빠진 루미

루미는 해양 생물학자인 엄마를 따라 바다 탐사를 왔어요. 잠수정에 오른 엄마가 루미에게 말했어요.

"루미야, 해마는 해초 속에 숨어 있을 거야. 잘 찾아보렴. 마샤, 루미를 잘 부탁해."

마샤 이모가 루미 어깨에 팔을 걸치고 엄마에게 손을 흔들었어요. 루미는 엄마가 잠수정 문을 닫고 바다로 내려가는 것을 지켜봤어요.

해안에는 엄마가 일하는 연구소 천막이 세워져 있었어요. 천막 근처에서 사람들이 바쁘게 움직였어요.

루미가 이모에게 물었어요.

주로 해초와 산호 속에 숨는 해마

"이모, 해마 이름을 '올리'라고 지었는데 어때요?"
이모가 웃으며 말했어요.
"아직 찾지도 못했는데 이름부터 지었어?"
"'올리' 하고 부르면 통통 튀어나올 것 같아요."
루미는 까르르 웃었어요.
루미는 잠수복을 입고 산소 탱크를 어깨에 멘 후 바다 탐험에 나섰어요. 이모가 바로 따라왔어요.
루미가 탐험에 나선 바다는 해안가예요. 아직은 깊은 바다까지 내려갈 수 없어요.

한참을 헤엄치던 루미는 빨간 해초 사이에서 해마를 발견했어요. 루미는 이모에게 손으로 신호를 보냈어요. 이모가 다가와 해마를 보더니 엄지를 세웠어요.

'올리!'

루미는 눈을 깜박였어요. 꼬박 한 달을 찾아다녔던 해마였어요. 루미는 해마를 따라 헤엄쳤어요. 해마는 통통 튕겨 오르듯 움직였어요.

갑자기 해마가 아래로 쑥 내려가더니 사라졌어요. 루미는 해마를 잡으려고 손을 뻗었어요. 그러자 눈앞이 뿌옇게 흐려졌어요. 루미는 팔을 휘저었어요.

루미는 이모를 찾기 위해 몸을 돌렸어요. 그때 무언가 발을 쳤어요.

"어, 뭐야. 아무것도 안 보여!"

중심을 잃은 루미는 한 바퀴 굴렀어요. 몸을 세웠는데도 눈앞이 흐려서 이모가 안 보였어요. 이럴 때는 물 위로 올라가야 해요.

루미는 아픔을 참고 헤엄쳤어요. 그런데 갈수록 눈앞이 탁해졌어요.

누군가 톡톡 어깨를 두드리는 느낌이 들었어요. 고개를 돌리자 이모가 있었어요. 이모가 야광봉을 켰어요.

'으아악, 이게 다 뭐야? 여긴 어디지?'

루미는 속으로 비명을 질렀어요. 발아래가 시꺼먼 웅덩이였어요. 루미와 이모는 바닷속 웅덩이에 빠진 거예요.

이모가 루미에게 손으로 신호를 보냈어요. 손바닥으로 가슴을 꾹 누르고 손을 펴서 머리 위를 가리켰어요. '침착하게 위로 올라가자'는 신호예요.

루미는 몸을 세웠어요. 얼마나 긴장했는지 발목이 아픈 것도 잊었어요. 다리로 물을 차고, 손으로 물을 끌어당겨 아래로 밀었어요.

다리가 뻣뻣해지려고 할 때 빛이 보였어요. 루미는 자신도 모르게 어깨 힘이 풀렸어요.

"푸핫!"

물 위로 올라온 루미는 산소마스크를 벗고 숨을 쉬었어요. 이모도 뒤따라 물 위로 올라왔어요. 루미와 이모는 헤엄을 쳐서 해안으로 올라왔어요.

이모가 루미에게 화를 냈어요.

"루미야, 정말 위험했어!"

루미는 부끄러웠어요. 바닷속에서는 한 사람이 사고가 나면 같이 간 사람도 위험해요.

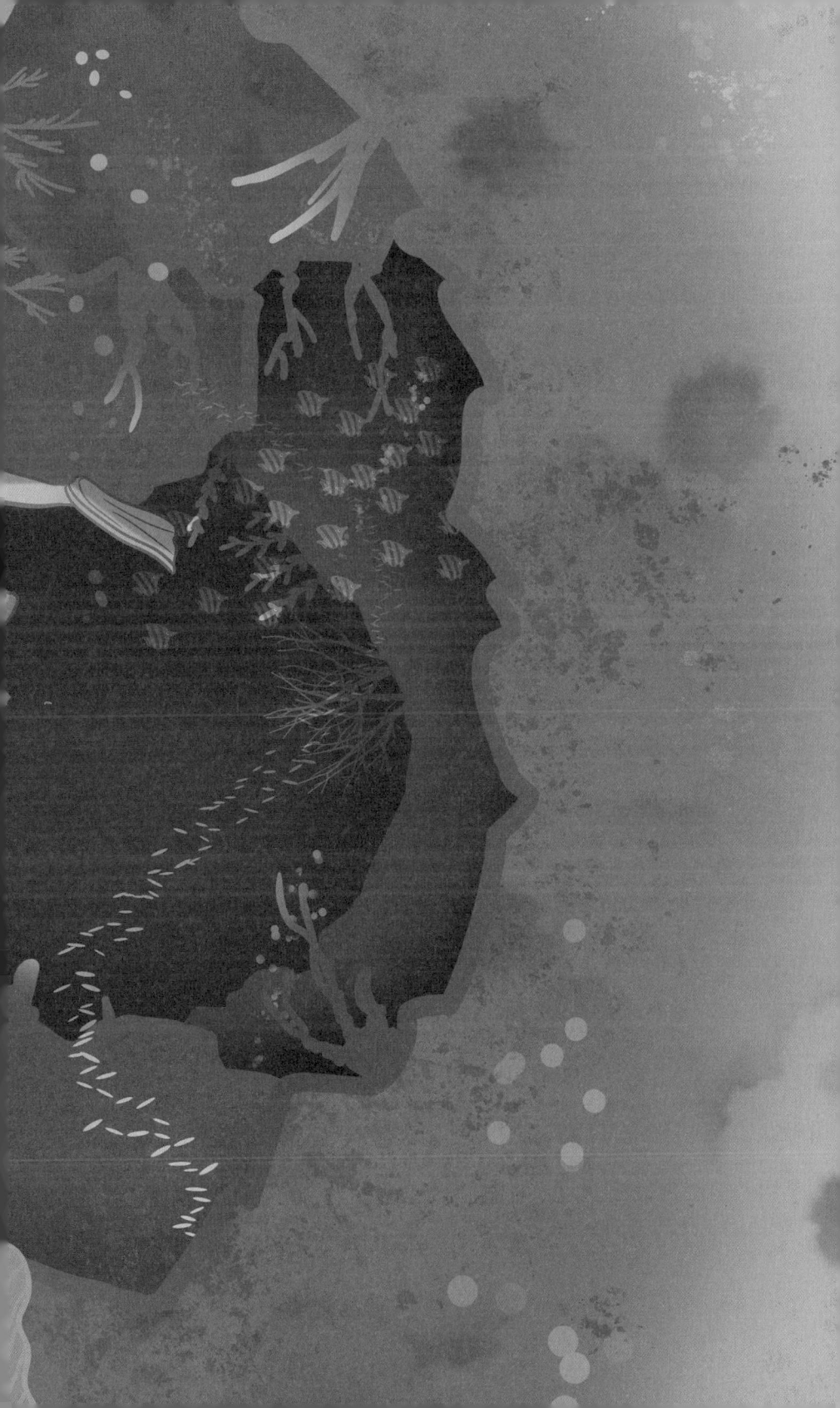

"올리를 따라가다가 바닥을 미처 못 봤어요. 죄송해요."

단단히 화가 난 이모는 팔짱을 끼고 얼굴을 돌렸어요. 루미는 이모 눈에 비친 눈물을 봤어요. 가슴이 덜컹했어요.

루미는 이모 팔을 잡고 살짝 흔들면서 말했어요.

"이모, 앞으로는 눈 크게 뜨고 확인하면서 안전하게 탐험할게요."

루미는 한 달간 바다 수영을 하지 않겠다는 약속을 하고서야 이번 일을 넘길 수 있었어요.

루미는 탐사 장비를 정리하고 이모와 간이 의자에 앉았어요. 숨을 돌리고 나자 바닷속 웅덩이가 떠올랐어요. 곰곰이 생각해 보니 조금 억울했어요.

"이모, 우리가 빠졌던 웅덩이는 어떻게 해서 생겼어요? 꼭 사람이 파헤쳐 놓은 것 같았어요."

이모가 잔뜩 찌푸린 얼굴로 말했어요.

"작년에 해저 광물을 캤다고 했어. 그때 파헤쳐서 구덩이가 생겼을 거야."

"해저 광물이요?"

이모가 고개를 끄덕이며 말했어요.

"예전에는 모래나 자갈을 건져 올렸는데, 요즘은 깊은 바다 바닥을 파서 금속 광물을 캐내기도 해."

"웅덩이가 엄청 깊던데 거북이나 물고기가 빠지면 올라올 수 있을까요?"

루미 말에 이모는 고개를 저었어요.

"살 수도 있겠지만, 대부분은 빠져나오지 못하고 죽겠지."

루미가 이모에게 다시 물었어요.

"엄마가 잠수정을 타고 내려간 것도 웅덩이 때문이에요?"

"해마다 알을 낳기 위해 올라오는 거북이가 올해는 안 보여. 바다에 문제가 생긴 것 같아 알아보러 내려간 거야."

루미는 해저 채굴을 하는 로봇을 본 적이 있어요. 바다 밑 땅을 마구 파헤치고 긁어내요. 바위는 폭탄을 설치해 폭발시켜요. 육지에서 광산을 파는 것과 비슷해요. 이렇게 해저 채굴을 하면 돌조각과 흙모래가 퍼져 물이 탁해지지요.

루미가 소리쳤어요.

"이모, 올리가 위험해요!"

이모가 루미 이마를 손으로 톡 쳤어요.

"이제야 제대로 깨달았네. 해저 채굴은 모든 생명을 위험에 빠뜨리는 일이야."

로봇이 바다 여기저기를 마구 휘저으면 바다는 생물들이 살 수 없을 정도로 파괴돼요. 루미는 다급하게 이모 손을 잡

많은 생물이 살고 있는 해저

앉어요.

"이모, 올리를 위해서 바다 웅덩이를 없애야 해요. 좋은 방법이 없을까요?"

이모가 루미에게 물었어요.

"해마만 중요하니?"

루미는 고개를 저었어요.

"아뇨. 바다는 바다 생물들이나 사람들에게도 중요해요. 저는 바닷속을 헤엄치고 있으면 더 많은 생물이 보고 싶어져요."

루미는 잠시 숨을 고르고 다시 말했어요.

"이모, 사람들에게 알려야겠어요. 바닷속에 웅덩이를 파지 말라고, 물고기들 집을 부수지 말라고 알려야 해요."

이모가 고개를 끄덕이며 말했어요.

"휴대폰이나 컴퓨터, 자동차나 비행기를 만들 때도 광물이 필요해. 육지에서 캐낼 수 있는 광물이 부족해서 바다 밑을 판다고 했어."

루미가 잠깐 생각한 후 말했어요.

"음, 그림 휴대폰이나 컴퓨터는 한번 사면 최대한 오래 사용해야겠네요. 자동차 대신 자전거나 버스를 타고요."

이모가 방긋 웃었어요.

"루미 생각에 찬성이야. 많은 회사에서 광물이 적게 들어가는 제품을 만들면 제일 좋지."

루미가 박수를 쳤어요.

"엄마가 바다를 존중하라고 했어요. 바다가 건강해야 사람들도 살 수 있다고 했거든요."

이모가 기특하다는 표정으로 웃었어요.

"바닷속 웅덩이에 아주아주 큰 밴드를 붙여 주고 싶어요."

루미는 집으로 돌아가면 '바닷속 웅덩이 밴드'를 만들어 사람들에게 나누어 줘야겠다고 결심했어요.

> **풍덩, 지식의 바닷속으로!**

공기총 파동으로 위협받는 바다 생태계

남아프리카 공화국에서는 바다에서 석유와 천연가스를 찾기 위해 수중 공기총이나 폭발물로 파동을 일으키는 방법을 써요. 파동을 기록해 바닷속 지도를 만들어 자원이 있는 위치를 찾는 것이지요. 10초 간격으로 충격파를 발사하는데, 이렇게 하면 하루에 8,000번 정도를 쏘게 돼요.

고래들은 공기총 파동 때문에 청력을 잃거나 무리에서 떨어져 길을 잃기도 해요. 스트레스로 이상 행동을 하는 고래도 있어요. 오징어와 물고기, 바다거북 등도 파동에 충격을 받아 도망가요. 어부들은 탐사하는 동안 주변 항구에서 참치 어획량이 줄었다고 항의했어요.

해저 채굴을 하면 어떤 일이 일어날까?

바다에서 석유나 광물을 채굴하려면 로봇이 땅을 파고, 광석을 자르고, 바다 밑바닥을 긁어서 채굴한 것을 물 밖으로 꺼내요. 얕은 바다에서는 건설 자재로 쓰기 위해 모래와 자갈을 대량으로 채집하지요.

우리나라 인천 앞바다에서는 30년 넘게 바다 모래를 퍼 올리고 있어요. 인근 해수욕장 모래가 사라지고 있는데도 모

바다 생물들의 서식지인 해초 숲

전 세계 바다 곳곳에서 살고 있는 갯민숭달팽이

래 채취는 계속되고 있어요.

 이 과정에서 바다 생물들의 서식지가 파괴되고 있어요. 바다 생물들이 살아가는 크고 작은 바위들이 부서지고, 해초들이 뜯겨져 나가 해초 숲이 사라져요. 채굴 과정에서 쏟아진 흙과 바위로 퇴적물이 생기고, 맑았던 물은 흙탕물로 변해요.

 깊은 바닷속에는 바다달팽이 같은 희귀 생명체들이 살고 있어요. 그런데 탐사나 채굴을 위해 내려보낸 로봇이 비추는 빛이나 로봇이 내는 소음 때문에 해저 생태계가 위협을 받고 있어요.

　이뿐만 아니라 바다에서 살아가는 미생물들이 줄어들어 미생물을 먹이로 하는 생물들도 서식지를 떠나게 돼요. 무엇보다 위험한 것은 광물을 추출하는 과정에서 독성과 오염 물질이 흘러나와요. 이로 인해 우리가 알지 못하는 사이에 멸종하는 생물도 있어요.

　바다는 지구에서 가장 큰 탄소 저장소예요. 채굴을 위해 바다를 파헤치면 바다의 탄소 저장 능력은 떨어질 수밖에 없어요. 파괴된 바다는 복구하기 힘들고, 회복하는 데도 오랜 시간이 걸려요.

해저 채굴을 왜 할까?

　산업이 발달하면서 육지의 자원이 부족해졌어요. 인공 지능, 휴대폰, 컴퓨터, 자율 주행 자동차, 자율 운항 선박 같은 4차 산업에는 리튬, 망간, 니켈, 텅스텐, 은 등의 금속 자원이 필요해요.

　세계 여러 나라는 부족해진 자원을 찾기 위해 바다 깊은 곳까지 개발에 나섰어요. '바다의 검은 황금'으로 불리는 망간 단괴는 감자 모양으로 모여 있어요. 망간 단괴에는 망간,

여러 금속이 뭉쳐져 있는 망간 단괴

구리, 니켈, 코발트 등 40여 종의 금속이 뭉쳐져 있어요.

망간 단괴는 첨단 산업에 꼭 필요한 자원이에요. 그래서 많은 나라가 망간 단괴를 찾기 위해 바다에 무인 로봇을 내려보내 탐사하고 있어요. 첨단 산업이 발달하면서 자원 확보가 치열해지고 있지요.

이외에도 사람들은 깨끗한 물을 찾기 위해 바다 깊은 곳을 개발했어요. 이러한 물을 '해양 심층수'라고 해요.

해양 심층수는 태양광이 미치지 않는 수심 200m 이상의 깊은 바닷속에 있는 물이에요. 주로 그린란드와 남극해에서 가져오는데, 우리나라 동해에서도 나오고 있어요. 해양 심층수 속에 들어 있는 미네랄*은 식품 원료로 쓰이기도 해요.

이처럼 바다에는 수많은 자원이 있어요. 세계 여러 나라는 자원을 확보하기 위해 바다 개발에 뛰어들고 있어요. 이러한 현상을 '블루 러시'라고 해요.

해저 채굴로 상처 입은 바다를 살리는 방법

전자 기기를 만드는 기업들은 해저 광물을 채굴하기보다는 사용한 배터리를 재활용하는 데 적극적으로 나서야 해요. 연구자들은 고성능 배터리를 개발하기 위해 더 노력해야 해요. 폐배터리에서 광물을 추출해 재활용하는 방법도 있어요. 하지만 무엇보다 배터리의 성능을 높여 광물 사용을 줄여야 해요.

어쩔 수 없이 해저 광물을 채굴해야 한다면, 해저 개발의 속도를 늦추고 바다 생태계에 미치는 영향을 살펴봐야 해요. 연구원들과 해양 생태 전문가들, 어민들이 머리를 맞대고 해저 채굴이 꼭 필요한지 의견을 모야야 해요.

* 미네랄(mineral): 우리 몸을 구성하는 데 중요한 광물성 영양소를 말해요. 칼륨, 나트륨, 칼슘, 인, 철 등이 있어요.

개발하려는 바다에 어떤 생물들이 살고 있는지, 서식지를 옮길 수 있는지 확인하고 피해를 줄이기 위한 방법도 찾아야 해요.

우리가 할 수 있는 일

전자 기기를 생산하려면 많은 금속 광물이 필요해요. 따라서 한번 구입한 전자 기기를 오래 사용하는 것은 바다 환경에 도움이 돼요.

승용차 대신 자전거를 타고, 에어컨 사용 시간을 줄이고, 에너지 효율이 높은 LED 전등을 사용해 봐요. 가능하면 비행기를 타지 않고, 꼭 타야 하는 비행기라면 직항 비행기를 타면 좋아요. 영상 스트리밍 대신 다운로드를 하는 방법도 있어요.

보글보글, 지식 더하기

바닷속 생물들의 신기한 대화 방법

소리를 내는 피라냐

상대에게 겁을 주기 위해 부레에 달린 근육을 수축해 '컹컹' 짖거나 북 치는 소리를 내요. 상대를 물기 직전에는 이를 갈며 '뿌드득' 소리를 내지요.

색을 바꾸는 갑오징어

피부 밑에 색소가 들어 있는 작은 주머니가 있어요. 이를 '색소포'라고 해요. 다양한 색소 세포를 이용해 주변 환경에 맞춰 몸 색을 바꾸거나 감정을 표현해요. 흥분하거나 스트레스를 받으면 적색이나 다갈색을 띠고, 번식기가 되면 여러 가지 화려한 색으로 온몸을 치장해요.

초음파를 내보내는 돌고래

인간이 들을 수 없는 주파수의 초음파를 내보내 부딪쳐 돌아오는 것을 인식해 다른 돌고래와 의사소통을 해요. 주파수의 높낮이로 물체의 형체까지 구분해요.

방귀를 뀌는 청어

포식자가 다가오면 부레에 보관해 둔 공기를 항문으로 배출해요. 독특한 소리를 내는 방귀 방울이 다른 청어들에게 위험을 알려 주지요. 청어는 다른 물고기보다 청력이 뛰어나서 작은 소리로도 의사소통이 가능해요.

이미지 출처

15 　새까만 기름으로 뒤덮인 바위 ⓒ 2007. G43 all rights reserved.
　　https://ko.wikipedia.org/wiki/%EC%82%BC%EC%84%B11%ED%98%B8-%ED%97%88%EB%B2%A0
　　EC%9D%B4_%EC%8A%A4%ED%94%BC%EB%A6%BF_%ED%98%B8_%EC%9B%90%EC%9C%A0_%EC
　　%9C%A0%EC%B6%9C_%EC%82%AC%EA%B3%A0#/media/%ED%8C%8C%EC%9D%BC:Hakampo_2
　　0071228_4.jpg

21 　하늘을 날고 있는 괭이갈매기 ⓒ 2007. me, Bamse all rights reserved.
　　https://commons.wikimedia.org/wiki/File:Black-tailed_gull.jpg#/media/File:Black-tailed_gull.jpg

25 　2007년 기름 유출 사고가 일어난 서해를 위성에서 바라본 모습
　　https://ko.wikipedia.org/wiki/%EC%82%BC%EC%84%B11%ED%98%B8-%ED%97%88%EB%B2%A0
　　EC%9D%B4_%EC%8A%A4%ED%94%BC%EB%A6%BF_%ED%98%B8_%EC%9B%90%EC%9C%A0_%EC
　　%9C%A0%EC%B6%9C_%EC%82%AC%EA%B3%A0#/media/%ED%8C%8C%EC%9D%BC:SouthKorea_
　　ASA_2007345.jpg

31 　바다 위에 설치된 오일펜스 ⓒ 2020. analogicus all rights reserved.
　　https://pixabay.com/ko/photos/%ec%98%a4%ec%97%bc-%ea%b8%b0%eb%a6%84-
　　%ea%b2%a9%eb%a6%ac-%ea%b8%b0%ec%88%a0-%ec%9e%a1%eb%8b%a4-4756406/

32 　돋보기와 지문 ⓒ 2013. Open Clipart-Vectors all rights reserved.
　　https://pixabay.com/ko/vectors/%ed%98%95%ec%82%ac-%eb%8b%a8%ec%84%9c-
　　%ec%b0%be%ea%b8%b0-%ec%86%90%ea%b0%80%eb%9d%bd-152085/

33 　곤충을 잡아먹는 식물인 파리지옥 ⓒ 2005. Noah Elhardt all rights reserved.
　　https://ko.wikipedia.org/wiki/%ED%8C%8C%EB%A6%AC%EC%A7%80%EC%98%A5#/
　　media/%ED%8C%8C%EC%9D%BC:Venus_Flytrap_showing_trigger_hairs.jpg

37 　모래사장에 버려진 마스크 ⓒ 2020. engin akyurt all rights reserved.
　　https://unsplash.com/photos/qkJBff-5lyk

38 　바다 위에 떠 있는 쓰레기 ⓒ 2013. pladkani all rights reserved.
　　https://pixabay.com/ko/photos/%ec%93%b0%eb%a0%88%ea%b8%b0-%ec%98%a4%ec%97%bc-
　　%ed%99%98%ea%b2%bd-%ec%9e%ac%ed%99%9c%ec%9a%a9-209362/

44 　각종 쓰레기로 오염된 해변
　　https://ko.wikipedia.org/wiki/%EB%B0%94%EB%8B%A4_%EC%93%B0%EB%A0%88%EA%B8%B0#/
　　media/%ED%8C%8C%EC%9D%BC:Beach_in_Sharm_el-Naga03.jpg

51 　비닐장갑 안에 갇힌 물고기 ⓒ 2019. joelsaucedosaucedo all rights reserved.
　　https://pixabay.com/ko/photos/%ed%94%8c%eb%9d%bc%ec%8a%a4%ed%8b%b1-
　　%eb%ac%bc%ea%b3%a0%ea%b8%b0-%ec%9e%ac%ed%99%9c%ec%9a%a9-4234205/

57 　바닷가에서 쓰레기를 줍는 모습 ⓒ partystock

https://www.freepik.com/free-photo/close-up-volunteer-environment-conservation-help-keep-clean-up-plastic-foam-garbage-beach-forest-areavolunteering-world-environment-day_25947340.htm#query=sea%20cleaning&position=8&from_view=search&track=sph

59 올챙이처럼 생긴 유형류 ⓒ 2006. Dr. Thomas Clarke all rights reserved.
https://ko.wikipedia.org/wiki/%EC%9C%A0%ED%98%95%EB%A5%98#/media/%ED%8C%8C%EC%9D%BC:Oikopleura_dioica.gif

63 산호초로 유명한 모레아섬의 풍경 ⓒ 2012. DANIEL JULIE all rights reserved.
https://en.wikipedia.org/wiki/Mo%27orea#/media/File:DSC00042_Polyn%C3%A9sia_Moor%C3%A9a_Island_Motu_Mo%C3%A9a_Lagoon_and_transportation_Boat_(8076082190).jpg

68 멸종 위기에 처한 기둥산호
https://ko.wikipedia.org/wiki/%EC%82%B0%ED%98%B8#/media/%ED%8C%8C%EC%9D%BC:PillarCoral.jpg

75 호주에서 대규모로 발생한 산호 백화 ⓒ 2016. Oregon State University all rights reserved.
https://en.wikipedia.org/wiki/Coral_bleaching#/media/File:Bleached_coral_(24577819729).jpg

77 산호초와 함께 살아가는 다양한 물고기들 ⓒ 2011. Fascinating Universe all rights reserved.
https://en.wikipedia.org/wiki/Coral_reef#/media/File:Underwater_World.jpg

78 지구 온난화로 녹아 버린 빙하 ⓒ 2020. Joshua Woroniecki all rights reserved.
https://pixabay.com/ko/photos/%eb%b9%99%ed%95%98-%eb%85%b9%eb%8a%94-%ec%a7%80%ea%b5%ac-%ec%98%a8%eb%82%9c%ed%99%94-%eb%b4%84-5068893/

83 바닷속에서 산호를 이식하는 모습 ⓒ 2017. Mudasir Zainuddin all rights reserved.
https://en.wikipedia.org/wiki/Aquaculture_of_coral#/media/File:Coral_transplant.jpg

86 옆모습이 앵무새와 비슷한 파랑비늘돔 ⓒ 2005. Nhobgood all rights reserved.
https://en.wikipedia.org/wiki/Parrotfish#/media/File:Parrotfish_turquoisse.jpg

92 독도 주변 바다의 모습 ⓒ 2013. 권오철 all rights reserved.
https://gongu.copyright.or.kr/gongu/wrt/wrt/view.do?wrtSn=13299526&menuNo=200018

102 유령 그물에 걸린 바다거북
https://en.wikipedia.org/wiki/Marine_debris#/media/File:Turtle_entangled_in_marine_debris_(ghost_net).jpg

105 그물과 뒤엉켜 있는 밧줄 ⓒ 2020. Igor Ovsyannykov all rights reserved.
https://pixabay.com/ko/photos/%eb%b0%b0%ea%b2%bd-%ed%8c%8c%eb%9e%80%ec%83%89-%ed%99%95%eb%8c%80-%ec%84%a0%eb%b0%95-3628553/

108 나일론 섬유로 만들어진 그물 ⓒ 2003. Peter Church all rights reserved.
https://en.wikipedia.org/wiki/Fishing_net#/media/File:A_fishing_net_in_Brandon_Creek_-_geograph.org.uk_-_921094.jpg

이미지 출처

110 바닷가에 쌓여 있는 어망들 ⓒ 2016. 추연만 all rights reserved.
https://gongu.copyright.or.kr/gongu/wrt/wrt/view.do?wrtSn=13274191&menuNo=200018

115 몸 전체에 줄무늬가 있는 점쏠배감펭 ⓒ 2010. Alexander Vasenin all rights reserved.
https://ko.wikipedia.org/wiki/%EC%A0%90%EC%8F%A0%EB%B0%B0%EA%B0%90%ED%8E%AD#/media/%ED%8C%8C%EC%9D%BC:Red_lionfish_near_Gilli_Banta_Island.JPG

119 앞의 큰 발에 집게발톱이 있는 가재 ⓒ 2013. Astacoides all rights reserved.
https://commons.wikimedia.org/wiki/File:Signal_crayfish_female_Pacifastacus_leniusculus.JPG

125 오염되어서 거품으로 뒤덮인 물
https://en.wikipedia.org/wiki/Water_pollution#/media/File:Nrborderborderentrythreecolorsmay05-1-.JPG

126 각종 오염 물질을 배출하는 공장 ⓒ 2021. Janusz Walczak all rights reserved.
https://pixabay.com/ko/photos/%eb%b0%9c%ec%a0%84%ec%86%8c-%ea%b5%b4%eb%9a%9d-%ea%b3%b5%ec%9e%a5-%ec%8a%a4%eb%aa%a8%ea%b7%b8-6579092/

129 바다 오염으로 죽은 물고기들
https://en.wikipedia.org/wiki/Water_pollution#/media/File:Fish_kill_pollution.jpg

133 마르마라해에 일어난 녹조 현상
https://en.wikipedia.org/wiki/Sea_of_Marmara#/media/File:Blooms_in_the_Sea_of_Marmara_(18162220028).jpg

136 오염된 물을 처리하는 시설 ⓒ 2022. u_nnjglrk13q all rights reserved.
https://pixabay.com/ko/photos/%ec%a0%95%ec%88%98-%ec%b2%98%eb%a6%ac%ec%9e%a5-%ed%8f%90%ec%88%98-%ec%b2%98%eb%a6%ac-%ec%8b%9c%ec%84%a4-7382931/

138 현미경으로 본 식물 플랑크톤의 모습
https://en.wikipedia.org/wiki/Phytoplankton#/media/File:Mixed_phytoplankton_community_2.png

139 적조 현상이 일어난 바다
https://ko.wikipedia.org/wiki/%EC%A0%81%EC%A1%B0#/media/%ED%8C%8C%EC%9D%BC:La-Jolla-Red-Tide.780.jpg

146 바다에서 발생한 용오름
https://en.wikipedia.org/wiki/Waterspout#/media/File:Great_Lakes_Waterspouts.jpg

149 상어의 한 종류인 백상아리 ⓒ 2006. Terry Goss all rights reserved.
https://ko.wikipedia.org/wiki/%EB%B0%B1%EC%83%81%EC%95%84%EB%A6%AC#/media/%ED%8C%8C%EC%9D%BC:White_shark.jpg

158 열대 및 아열대 지역에서 볼 수 있는 맹그로브 숲 ⓒ 2007. I, Uryah all rights reserved.
https://ko.wikipedia.org/wiki/%EB%A7%B9%EA%B7%B8%EB%A1%9C%EB%B8%8C#/media/%ED%8C%8C%EC%9D%BC:Mangrove_nakamagawa_200708.jpg

160　현미경으로 본 와편모류의 모습 ⓒ 2007. Minami Himemiya all rights reserved.
https://ko.wikipedia.org/wiki/%EC%99%80%ED%8E%B8%EB%AA%A8%EC%B6%A9%EB%A5%98#/media/%ED%8C%8C%EC%9D%BC:Ceratium_furca.jpg

165　주로 해초와 산호 속에 숨는 해마 ⓒ 2016. Pexels all rights reserved.
https://pixabay.com/ko/photos/%eb%b9%a8%ea%b0%84-%ec%83%89-%eb%ac%bc-%ec%83%9d%ec%84%a0-%ed%99%a9%ea%b8%88-1283776/

172　많은 생물이 살고 있는 해저
https://ko.wikipedia.org/wiki/%ED%95%B4%EC%A0%80#/media/%ED%8C%8C%EC%9D%BC:Underwater_mcmurdo_sound.jpg

176　바다 생물들의 서식지인 해초 숲 ⓒ 2021. Frédéric Ducarme all rights reserved.
https://en.wikipedia.org/wiki/Seagrass#/media/File:Posidonia_oceanica_(L).jpg

177　전 세계 바다 곳곳에서 살고 있는 갯민숭달팽이 ⓒ 2006. Magnus Kjærgaard all rights reserved.
https://commons.wikimedia.org/wiki/File:Spanish_shawl.JPG

179　여러 금속이 뭉쳐져 있는 망간 단괴 ⓒ 2021. Hannes Grobe/AWI all rights reserved.
https://en.wikipedia.org/wiki/Manganese_nodule#/media/File:Manganese-nodule00_hg.jpg

이미지 출처　　　　　187

바다가 걱정돼
ⓒ 조미형, 2023

초판 1쇄 발행일 | 2023년 3월 30일
초판 2쇄 발행일 | 2024년 5월 10일

지은이 | 조미형
그린이 | 김수연
펴낸이 | 사태희
편집인 | 최민혜 안주영
디자인 | 홍성권
마케팅 | 장민영
제작인 | 이승욱 이대성

펴낸곳 | 특서주니어
출판등록 | 제2021-000322호
주 소 | 08505 서울특별시 금천구 가산디지털2로 101 한라원앤원타워 B동 1503호
전 화 | 02-3273-7878
팩 스 | 0505-832-0042
e-mail | specialbooks@naver.com
ISBN | 979-11-6703-072-6 (73400)

특서주니어는 (주)특별한서재의 아동 브랜드입니다.
잘못된 책은 교환해 드립니다.
저작권법에 의하여 보호를 받는 저작물이므로 무단 전재와 복제를 금합니다.